本书出版获得“2018 年度黑龙江省普通本科高等学校
青年创新人才培养计划项目”（UNPYSCT-2018051）资助

金融网络中风险传染与防控策略研究

刘晓宇　著

北京大学出版社
PEKING UNIVERSITY PRESS
黑龍江大學出版社
HEILONGJIANG UNIVERSITY PRESS

图书在版编目（CIP）数据

金融网络中风险传染与防控策略研究 / 刘晓宇著
. -- 哈尔滨 : 黑龙江大学出版社 ; 北京 : 北京大学出版社，2019.8
ISBN 978-7-5686-0400-0

Ⅰ. ①金… Ⅱ. ①刘… Ⅲ. ①金融风险防范－研究
Ⅳ. ①F830.2

中国版本图书馆 CIP 数据核字（2019）第 203467 号

金融网络中风险传染与防控策略研究
JINRONG WANGLUO ZHONG FENGXIAN CHUANRAN YU FANGKONG CELÜE YANJIU
刘晓宇　著

责任编辑　高　媛
出版发行　北京大学出版社　黑龙江大学出版社
地　　址　北京市海淀区成府路 205 号　哈尔滨市南岗区学府三道街 36 号
印　　刷　哈尔滨市石桥印务有限公司
开　　本　720 毫米×1000 毫米　1/16
印　　张　14
字　　数　215 千
版　　次　2019 年 8 月第 1 版
印　　次　2019 年 8 月第 1 次印刷
书　　号　ISBN 978-7-5686-0400-0
定　　价　42.00 元

前　　言

党的十九大报告提出：深化金融体制改革，增强金融服务实体经济能力，提高直接融资比重，促进多层次资本市场健康发展。健全货币政策和宏观审慎政策双支柱调控框架，深化利率和汇率市场化改革。健全金融监管体系，守住不发生系统性金融风险的底线。这对我们认识金融体系中风险传染机制，以及在局部风险出现时的有效干预提出了迫切的要求。基于上述原因，笔者试图将复杂网络理论和传染病动力学模型相结合，构建了金融网络风险传染模型，研究金融风险传染演化的过程，并运用 MATLAB 软件对风险传染过程进行仿真分析，对冲击传染路径进行追踪，以此识别系统节点和衡量系统性风险。寻求对其进行预防和控制的最优策略，以此提高金融风险管理决策水平。

本书为 2018 年度黑龙江省普通本科高等学校青年创新人才培养计划项目——“基于 SIR 和 SIS 组合模型的金融网络中风险传染与防控策略研究”（项目号：UNPYSCT－2018051）的成果之一。本书凝聚了笔者多年以来在金融网络风险传染方面的研究所得，从构思到最终成书进行了反复修改，力求奉献给读者一部集理论、实践和创新于一体的严谨论著。

在撰写过程中，笔者参阅了许多相关文献，学习并借鉴了很多专家的理论和成果，限于篇幅，恕不一一列出，特此表示感谢。由于笔者水平有限，书中难免存在疏漏之处，恳请各位专家和广大读者批评指正，以便今后修改和补充。

刘晓宇

2019 年 8 月

目　录

第一章　导论

第一节 研究背景与研究意义

一、研究的背景

2007 年金融危机爆发以来,金融体系的系统性风险、宏观审慎管理已成为学术界关注的焦点。党的十九大报告提出:深化金融体制改革,增强金融服务实体经济能力,提高直接融资比重,促进多层次资本市场健康发展。健全货币政策和宏观审慎政策双支柱调控框架,深化利率和汇率市场化改革。健全金融监管体系,守住不发生系统性金融风险的底线。这对我们认识金融体系中风险传染机制,以及在局部风险出现时的有效干预提出了迫切的要求。

工业化国家掀起了以放松对金融业管制、鼓励竞争为宗旨的浪潮,导致各经济体之间、各市场之间、各行业之间关联性进一步加强。金融风险不仅冲击了金融市场和金融行业(实体经济行业也难以避免),而且也与金融市场呈现出了错综复杂的空间交互效应,加速了金融风险传染蔓延的趋势,呈现出了更加复杂的网络结构。同时,也为金融风险的测度提出了更高的要求。而作为金融市场基础的实体经济,其与金融市场之间也呈现出了越来越强的空间高度关联的效应。这些新特征不仅加剧了全球各国金融市场的不确定性,也增加了金融风险的传染范围,拓宽了传染渠道,增强了对实体经济冲击的可能。

鉴于当前的国际和国内经济金融形势，以及我国金融体系发展的现状，有必要研究金融体系的风险传染问题，尤其是复杂金融网络中风险传染所导致的系统性风险问题。目前，我国对金融风险传染的监测和评价大多以定性分析的方法为主，具有很强的模糊性。也有采用定量分析的方法测评的，但其指标数量少，且多为单一的零散指标，缺乏系统性。笔者采用现代决策分析方法如层次分析法等，将复杂网络理论和传染病动力学模型有机结合，构造金融网络风险传染模型，研究我国金融网络中风险传染机制。它将帮助我们找到易引发系统性金融风险的重要环节，抑制风险跨市场交叉传染。此外，笔者还从动态分析的角度考察了金融网络中风险传染的渐进演变。在当前复杂的全球经济金融形势下，希望本书的出版能为我国金融体系的系统性风险防范、监管提供有益的理论依据和经验支持。

二、研究的意义

（一）理论意义

已有研究者利用传染病动力学模型在生物学与应用数学领域建立了很完备的体系及方法。这为其在金融市场风险传染领域的研究提供了科学的理论依据。笔者将传染病动力学模型和复杂网络理论结合，研究金融网络中风险传染的问题，以期为我国金融风险传染机制、传染渠道的研究提供理论依据，揭示风险传染的规律，预测其变化发展趋势，分析风险传染的原因和关键因素，寻求对其预防和控制的最优策略，为金融监管部门制定防范风险的决策提供理论基础和数量依据。

（二）现实意义

目前，宏观审慎成为学术界和监管界的一个热门话题。宏观审慎监管着眼于整个金融体系，其作为一个复杂的金融网络系统的核心在于运用定量手段检测和评估金融体系潜在的风险因素。因此,本书研究的现实意义在于:(1)通过构建金融网络风险传染模型分析风险传染的过程中各类子市场的变动情况,对复杂金融网络中的系统性风险及其传染进行预测和估计,并对系统重要性金融机构进行识别,从理论支撑和技术方法两个方面为监管部门提供风险预防及监管建议。(2)本书从事前分析的角度出发,加强金融市场风险传染源的识别与监控,主动应对金融市场风险传染源,这样一方面可以避免风险传染性的放大,另一方面还能对我国商业银行等易感群体的流动性风险、信用风险加强管控,防止"易感群体"的推波助澜作用,因此对金融风险的预防及监管就显得尤为重要。

鉴于此,本书将传染病动力学模型和复杂网络理论有机结合。另外,本书改进了 SIR 模型(SIR 模型是传染病最经典的模型,其中 S 表示易感者,I 表示感染者,R 表示移出者),引入了模型设计综合性更强、应用场景更多的金融网络风险传染动力学模型。首先,分析模型的无风险平衡点和非零风险平衡点的存在性及稳定性,得到了金融网络风险传染阈值 R_0;其次,选取不同的参数运用 MATLAB 软件对风险传染过程进行仿真;最后,依据仿真的结果提出金融风险预防和控制策略。这有助于我们准确测度各金融部门的极端损失,有效甄别我国系统性金融风险中的极端金融风险隐患。

第二节　国内外文献综述

一、国外相关研究

(一)金融网络理论的研究

许多学者基于这一特性研究了网络结构与金融系统稳定性的关系。Allen 和 Gale 开创性地构建了银行体系的简单网络结构,包括四个位于不同地区的银行,研究了不同的银行网络结构下银行体系的稳定性。各国学者大多采用银行间或支付系统的实证数据来分析该国或他国的银行网络结构的特点。Boss 和 Elsinger 构建了奥地利的银行网络拓扑结构并进行分析,发现了银行市场具有群落结构和分层结构特征,他们认为奥地利银行间的网络结构属于小世界网络。综上所述,随着研究的深入,许多学者也注意到除网络拓扑结构外,银行异质性、道德风险、不完全信息、资产价格变化、资本和流动性要求等因素均能影响金融网络中的风险传染和金融体系的稳定性,忽略这些因素将使研究结果出现偏差,甚至错误。因此,在研究金融网络中的传染问题时,不能仅仅考虑网络拓扑结构,还必须考虑此类因素对系统性风险的影响。

（二）金融网络结构的研究

1. 对银行简单网络结构的研究

2000 年，Allen 和 Gale 最早构建了银行系统的简单网络结构，从银行流动性的角度来分析金融危机给全世界金融网络带来的影响，以及不同的网络结构下，银行的稳定性问题。研究发现，银行系统存在两种结构，即完全市场结构和不完全市场结构。最终研究发现：不完全市场结构脆弱，更容易受到风险传染；完全市场结构较稳定，不容易受到风险传染。Freixas 建立了银行间市场的系统风险模型，指出银行间的信贷额度可以应对流动性冲击，然而一家银行破产，银行系统的稳定性会受到不同程度的影响，这与不同的支付模式相关。早期关于风险传染的研究基于金融系统的简单网络结构，虽然在一定程度上为金融风险传染的研究提供了崭新的思路，但是现实的金融网络远比这种结构复杂，并不是简单的网络结构中所述的同质性，而是存在明显的差异性。

2. 对银行复杂网络结构的研究

国外学者经常基于银行体系内、各银行之间或各类支付系统的数据来分析和研究本地区或他国的银行网络结构。2004 年，Boss 等人基于奥地利央行提供的数据，对奥地利银行间市场的网络结构进行实证分析，构建了网络拓扑结构，将银行市场解释为节点的网络，银行间的债权关系决定了各自的联系。Inaoka 等人对日本银行体系的网络结构进行了研究，认为向社会提供金融交易机制不是由单一的金融机构来确定的，而是几个金融机构之间的合作结构或“网络”来确定的，且这种“网络”具有分形结构，服从双幂律分布，同时发现位于网络中心的金融机构与网络外围的金融机构相比具有更多的链接，其形成的结构的目的在于追求效率，为此有必要通过动态网络来分析网络结构的稳定性。2004 年，Upper 等人分析了德国银行间的市场结构，分析认为其市场结构是双层结构，第一层为合资银行和储蓄银行，第二层为其他银行。在此种金融结构下，如果一旦保障机制不完善或缺乏保障，那么某个银行的破产倒闭极易影响其他银行的经营情况,具有很强的传染性。即便是为银行系统提供安全保障,但当某个节点的银行破产时也会影响其他银行,这种传染较无保障时弱一些。2008 年,Iorn 等人对意大利隔夜拆借市场的网络结构进行分析,发现隔夜拆借市场呈现多变性,体现了随机网络的特征,在这个网络中每个银行代表网络结构中的一个节点,这些节点代表银行存在异质性。Manna 等人也对意大利的银行网络结构进行了分析研究,得到的结论与 Iorn 有所不同,他们认为意大利的银行网络结构是一种无标度网络,基于这种特征,银行有能力维持稳定性,应付外界危机。

(三)金融风险传染渠道的研究

国外最早于 1999 年对金融风险传染渠道进行研究,Masson 将传染渠道分为:季风效应、溢出效应、净传染效应;Allen 等人基于 D - D 模型研究金融风险传染渠道,为后期学者的研究奠定了基础;George 运用仿真模拟对不同网络结构下的银行体系稳定性进行了对比,发现彼此的连接程度越高,越容易受到随机性冲击的传染,一旦超过了这个网络结构的临界点就会带来更大的系统性破坏,而金融网络结构中各条平均路径长度越长,网络结构也越稳定,不易受到传染。

(四)传染病理论的研究

传染病是由病原微生物(如病毒、细菌、支原体、衣原体、立克次氏体、螺旋体、原虫和蠕虫等)感染人或其他生物体后所产生,且能在人群或相关生物种群中引起流行的疾病。传染病动力学作为研究生物系统的重要分支领域,它是对传染病的流行规律进行理论性定量研究的一种重要方法。目前,传染病的研究方法主要有四种:描述性研究、分析性研究、实验性研究和理论性研究。在传染病动力学研究中数学模型起着极其重要的作用,它通过假设、参数、变量和它们之间的联系清晰地把传染病的主要特征揭示出来。利用传染病动力学的方法建立数学模型来研究某种传染病在某一地区是否会蔓延下去而成为本地区的“地方病”或者这种传染病终将消除。数学模型的分析结果能提供许多强有力的理论依据。用数学模型发现传染病的传播机制，预测传染病的流行趋势已成为研究热点。

借助数学模型研究传染病的传播过程和动力学行为，已获得了许多研究成果，这些成果为传染病的防治做出了重要贡献。描述传染病传播过程和行为的传染病模型中最重要的是对传染率的定义，常见的传染率形式有双线性传染率和标准传染率。在传染病动力学的研究中，长期以来主要利用 Kermack 和 McKendrick 的数学模型，即“仓室”模型。1926 年，Kermack 和 McKendrick 为了研究 1665—1666 年黑死病在伦敦的流行规律以及 1906 年瘟疫在孟买的流行规律，他们把人分为易感者、染病者和恢复者三大类，利用动力学方法建立了著名的 SIR 仓室模型。之后，又在 1932 年提出了 SIS 仓室模型，并在分析所建立模型的基础上，提出了区分疾病流行与否的“阈值理论”，为传染病动力学的研究奠定了基础。20 世纪中叶，传染病动力学的模型建立与研究开始蓬勃发展，作为标志性的著作是 Bailey 于 1957 年出版的专著。近年来，国际上传染病动力学的研究进展迅速，大量数学模型被用于分析各类的传染病问题，构成了丰富的传染病动力学模型。利用疾病的传播规律建立 SI 和 SIR 的传染病模型，对传染病模型进行定性和稳定性分析，从而得出相应的传播规律。

对于经典的传染病模型，有一个量被称为基本再生数，它表示在发病初期，种群中所有个体均为易感者时，一个染病者在平均患病期内所传染的染病者数。许多学者认为基本再生数是传染病模型区分疾病流行与否的阈值，因此许多研究工作都致力于寻找基本再生数。近年来，国际上传染病动力学的研究进展迅速，大量的数学模型被用于分析各类的传染病问题。从传染病的传播机制来看，这些模型涉及接触传播、垂直传播、虫媒传播等传播方式，是否考虑疾病潜伏期，对病人的隔离，因接种而获得的免疫力以及免疫力的逐渐丧失；是否可以忽略因病死亡率，种群自身增长规律，不同种群之间的交叉感染等因素。这些构成了丰富的传染病动力学模型。Hethcote 等人对模型的理论研究主要集中在疾病的持续存在及平衡位置方面，特别是地方病平衡点的平衡位置和周期解是否存在及稳定性，以及基本再生数和分支点的寻找等动力学性态。Gabriela 等人研究了免疫力的逐渐丧失的问题。

1. **疾病无潜伏期的传染病模型研究**

1990 年,S. Busenberg 等人研究了具有标准传染率、种群指数增长的 SIRS 模型,利用了稳定性理论得到了各类平衡点的全局稳定性。1992 年, Hethcote、Mena – Lorca 分别研究了具有常数输入且具有指数出生和死亡,传染率分别是双线性的、标准的和饱和的五类 SIRS 模型。除后两类外,其他都得到了各自模型的基本再生数,并利用了稳定性理论证明了各个平衡点的局部稳定性。2001 年,Brauer 研究了具有一般形式接触率的传染病模型,利用稳定性理论证明了无病平衡点的全局稳定性和地方病平衡点的局部稳定性。原三领等人研究了传染率是非线性的,是关于易感者函数的传染病模型,利用线性化和构造 Liapunov 函数讨论各类平衡点的全局稳定性。

2. **疾病有潜伏期的传染病模型研究**

潜伏期是大部分传染病所具有的,但对于一些潜伏期较短的疾病,在建立数学模型时往往忽略了该阶段,而在一些潜伏期较长的传染病模型中引入潜伏期仓室是必要的,例如艾滋病、肺结核等疾病。

1995 年,Li 等人研究了具有非线性传染率的 SEIR 模型,构造 Liapunov 函数及利用复合矩阵理论证明了各类平衡点的全局稳定性。1999 年,Li 等人研究了具有指数出生、死亡和标准的传染率的 SEIR 模型,通过构造 Liapunov 函数及利用复合矩阵理论证明了各类平衡点的全局稳定性。Li 等人认为,潜伏者和感染病所生婴儿都会携带病毒,但不会立即发病,建立了具常数输入、双线性传染率且潜伏者和感染者有不同程度的垂直传染率的 SEIR 模型,给出了所建模型的全局动力学性态。

目前,关于传染病系统的研究已取得许多成果,Hethcote 对这些工作进行了系统的总结,详细阐述了传染病的建模思想。传染病模型研究的一个重要问题是系统的全局稳定性,而对于具有潜伏期的传染病模型,由于难以降为平面系统,所以对于地方病平衡点的全局稳定性很难用传统的构造 Liapunov函数的方法进行研究。这使一些传染病模型的全局稳定性成为长期以来未解决的问题。Li 等人利用复合矩阵理论研究了线性和非线性微分方程理论中的重要问题,例如稳定性理论、非线性自治系统周期解的轨道稳定性。之后,Li 等人以复合矩阵理论得到了某些模型完整的全局性结果。目前,关于复杂网络中流行病的传播与控制已有很多研究成果。在具有齐次性质的复杂网络中,传染病的流行与否取决于流行病阈值。当传染率大于流行病阈值时,随着时间的推移传染病会在总人口中占有一定的比例;反之,传染病最终会消失。而对于具有非齐次性质的网络系统,有研究结果表明,只要在初始时刻存在感染者,传染病就会始终存在;但随后的研究结果表明,在一些更贴近现实的条件限制下,对于非齐次性质的网络也存在正的流行病阈值(一般较小)。

(五)传染病模型在金融风险传染领域的应用研究

Haldane 对比 SARS 病毒传染和雷曼兄弟公司破产引起的风险传染,发现这两种传染,无论是医学领域还是金融领域的传染情况都符合各自网络的“病毒”传染特征。对于金融风险的传染,监管部门的干预与对 SARS 疫情控制的结果类似,可见,金融领域的风险传染类似于生物学领域中的病毒传染。Garas 利用了 SIR 模型模拟金融危机的蔓延。Demiris 也运用了网络构建方法,但他在 SIR 模型中运用贝叶斯方法得出结论,一些国家可以通过一系列的免疫机制降低金融危机传染所带来的破坏程度。

二、国内相关研究

(一)金融网络理论的研究

国内对银行复杂网络结构的研究起步较晚,主要研究为:李守伟、何建敏借助生物学中的传染病模型,借助 Erdos、Watts 和 Barabasi 提出的方法,假设银行间市场网络分为随机网络、小世界网络和无标度网络,借助银行资产负债表,建立银行间传染分析模型,最后得出在上述网络中,小世界网络的风险传染效应最大,无标度网络风险传染效应最小。

（二）金融风险传染渠道的研究

国内也对金融风险传染渠道进行了多方面研究，其中王锦云对股票市场、债券市场间的传染效应，银行系统与资本市场间的传染效应，房地产市场与资本市场间的传染效应，以及消费与资本市场间的传染效应进行分析；王晓枫等人基于真实的银行间统计数据，利用复杂网络方法，构造了银行同业间市场的拆借网络，并采用随机模拟法分析了具有无标度特征的复杂网络结构对银行风险传染效应的影响。

（三）传染病理论的研究

1. 疾病无潜伏期的传染病模型研究

2003 年，陈军杰对具有一般形式传染率的传染病模型进行了研究，利用线性化和构造 Liapunov 函数得到了无病平衡点的全局稳定性和地方病平衡点的局部稳定性，并考虑当传染率是双线性时，构造了 Liapunov 函数，得到了各类平衡点的全局稳定性。2004 年，李健全等人研究了具有常数输入和 Logistic 出生的一般形式接触率的 SIR 模型，利用极限系统理论和构造 Liapunov函数得到了各类平衡点的全局稳定性。2004 年，陈军杰研究了一类具有常数迁入且总人口在变化的 SIRI 模型，利用 Routh - Hurwitz 判别法和构造 Liapunov 函数得到了地方病平衡点的局部稳定性和无病平衡点的全局稳定性，并考虑传染率分别是双线性和标准时，通过构造 Liapunov 函数得到了地方病平衡点的全局稳定性。2005 年，陈军杰研究了若干具有非线性传染率的模型，利用 Routh - Hurwitz 判别法和构造 Liapunov 函数得到了各类平衡点的存在性和稳定性的条件。张娟等人研究了具有饱和传染率的 SEIS 模型，利用 Routh - Hurwitz 判别法和构造 Liapunov 函数得到了地方病平衡点的局部稳定性和无病平衡点的全局稳定性；对于无因病死亡的传染病模型，证明了地方病平衡点的全局稳定性。2007 年，刘烁等人研究了一类具有非线性传染率的 SEIR 传染病模型，通过构造 Liapunov 函数得到了无病平衡点和地方病平衡点的全局稳定性。考虑国际旅游等对疾病流行的影响,学者认为每个仓室均可能有新成员输入。从数学上看,这类模型的研究更加困难,因为总人口的变化增加了方程的维数。张娟等人研究了各仓室均有常数输入的 SEI 模型,通过构造 Liapunov 函数及复合矩阵理论证明了各类平衡点的全局稳定性。

2. 疾病无潜伏期的传染病模型研究

有些疾病在流行期间,不仅在染病期传染,而且在潜伏期也传染,也就是说,一个易感者一旦被感染上病毒,在未发病之前(即潜伏期)就对外具有传染性。2001 年,原三领等人研究了具有双线性传染率且潜伏期也具有传染力(但不考虑因病死亡)的传染病模型,利用 Routh - Hurwitz 判别法和构造 Liapunov 函数得到了地方病平衡点的局部稳定性和无病平衡点的全局稳定性。2004 年,徐文雄等人研究了具有饱和传染率且潜伏期也具有传染力,并考虑因病死亡的传染病模型,利用 Routh - Hurwitz 判别法和构造 Liapunov 函数得到了地方病平衡点的局部稳定性和无病平衡点的全局稳定性。2006 年,张彤等人研究了具有非线性传染率且潜伏期也具有传染力的传染病模型,利用 Routh - Hurwitz 判别法和构造 Liapunov 函数得到了地方病平衡点的局部稳定性和无病平衡点的全局稳定性,以及随着参数的变化,模型会产生 Hopf 分支,流行病会出现稳定的周期振荡现象。

(四)传染病模型在金融风险传染领域的应用研究

国内学者在尝试将传染病 SIR 模型应用于金融领域的传染问题研究,仅限于应用 SIR 类模型进行理论分析,实证模拟较少。李守伟等人基于传染病 SIR 模型建立了银行风险传染模型,分析了受传染银行的数目变化规律及模型参数的影响效果,发现通过降低传染率、降低关联度或增加治理率都可以控制银行风险的传染。也洪辉借鉴传染病 SIR 模型,构建银行危机传染的动态模型。其研究结果表明,增大银行危机管理系数和危机银行的破产系数有助于控制银行危机,中小型银行居多的区域银行结构有利于降低银行危机的传播速度。

马源源等人利用SIR模型仿真模拟了我国上市公司和股东之间由资金链断裂导致的危机在网络中扩散的情况，发现危机传染速度极强，蓄意攻击比随机故障对网络的破坏力强，但他们依旧注重理论分析，未对 S→I→R 的动态过程进行模拟。

三、相关研究述评

从上述内容可以看出，经过多年的发展，国内外学者对复杂网络的研究已经比较成熟，复杂网络的研究思想已经被运用在各个领域。在金融领域，国内外学者更多采用复杂网络来分析系统性风险问题，而对于传染病理论在风险传染问题上的应用则很少，对于免疫策略在该领域的应用就更加缺乏。有关传染病的理解和免疫策略的研究为分析金融危机和金融系统稳定性提供新的思路。总体来看，国外对金融市场间风险交叉传染理论研究相对较成熟，且已运用医学传染病理论对金融危机传递、金融系统稳定性问题进行研究。国内学者主要运用 VaR 模型、Copula 模型等实证分析方法对金融市场风险交叉传染进行研究，虽然开始引入 SIR 模型对个别金融风险案例、单个行业的供应链风险进行研究，但模型的现实性还有待提高。

总之，对于金融网络中的风险传染与系统性风险问题，不仅需要理论层面的研究，还需要更多的经验研究。从复杂网络的视角来研究现代金融市场体系，不仅需要考虑金融市场之间的联系，以及金融机构与其他机构之间的联系，还需要考虑这种联系的高度相关性。这些研究的最终目的都是为发展新的理论和方法，进而制定新的行之有效的金融风险防范的策略。

虽然目前关于金融市场传染研究的模型有很多，但是众多模型只是从金融风险产生的某一个角度来对风险传染过程进行刻画，并不符合目前金融市场风险的传染路径的复杂性以及多变性特征。因此，怎样选择合适的模型来刻画金融市场风险的传染过程依然是研究的重点。国外关于金融风险的传染机制的研究相对成熟，目前来看，占主流地位的研究方法是网络模型法。网络模型法在刻画银行危机的传染路径方面有着天然的优势，可以很全面地描述整个风险传染过程。传染病动力学模型已被引入金融风险传染的研究中，但对其研究还处于探索阶段，还有待进一步深化。因此，笔者将传染病动力学模型与网络模型法相结合，研究复杂金融网络中的风险传染动力学理论。

第三节　本书研究框架、研究方法及创新点

一、研究框架

本书运用复杂网络的分析方法研究金融网络结构对风险传染的影响，并将传染病动力学模型与网络模型法有机结合。本书的总体研究思路是：首先，分析了运用传染病动力学模型研究金融网络中风险传染的可行性。其次，将传染病动力学模型与网络模型法有机结合，构建了金融网络风险传染系统动力学模型。再次，针对系统动力学模型平衡点存在性和稳定性的研究。利用零点存在定理寻求模型平衡点存在的唯一性条件，利用 Routh－Hurwitz 判别法、构造 Liapunov 函数和复合举证相关理论证明模型的无风险平衡点和非零风险平衡点稳定性，寻求金融风险传染阈值 R_0 。在此基础上运用数值模拟和实证分析的方法分别从理论和经验层面考察金融网络中风险的传染，选取不同的参数运用 MATLAB 软件对风险传染过程进行仿真，对冲击传染路径进行追踪，识别金融网络中的节点和衡量系统性风险。最后，政策对系统性风险的防范作用，也能提供一种更加合理的监管政策。

二、研究方法

本书主要采用了如下方法：

（一）网络分析的方法

本书基于复杂网络理论研究我国金融网络中的风险传染所导致的系统性风险问题。复杂网络理论分析法是统计物理学、系统科学新近发展的一种比较前沿的方法，多用于分析电力网络、社交网络等领域的相关问题。复杂网络是指具有自组织、自相似、吸引子、小世界、无标度中部分或全部性质的网络。该理论通过将金融机构视为网络的节点，将金融机构之间的资产负债关系视为网络的链条，能够直接而形象地刻画出金融系统的内在关联，并基于此分析金融机构之间的互动与关联。由于复杂网络在描述市场间的关联结构和投资者间的交互作用时具有明显的优势，国内外学者开始将复杂网络理论引入金融风险传染的研究领域。本书尝试将这种理论与传染病动力学理论相结合分析了系统性风险问题。首先，本书分析了网络各节点的拓扑性质；其次，在分析不同金融网络中传染与系统性风险关系时，本书构造了金融网络风险传染模型，并考察了不同冲击形式下，传染对系统性风险的影响机制；最后，在分析网络结构对传染和系统性风险的影响时，本书通过控制网络的结构参数，提出了风险传染有效的防控策略。

（二）运用 MATLAB 软件数值模拟的方法

由于金融学的特殊性，所以通过有效的实验解决经济学问题困难较大。近年来，由于数值模拟的方法具有精确性及可视性，其被广泛用于金融学领域的研究中。在理论分析时，笔者同样采用 MATLAB 软件进行数值模拟，这种方法能更准确、更直观地体现所研究的问题。具体来说，首先，在分析不同金融网络中传染对系统性风险的影响时，本书采用了数值模拟的方法，通过构建金融网络风险传染微分方程模型进而模拟了风险传染的趋势；对冲击传染路径进行追踪，识别金融网络中的节点和衡量系统性风险。其次，在分析网络结构对传染和系统性风险的影响时，先构建理论模型然后再进行数值模拟。

（三）定性分析与定量分析相结合的研究方法

定量分析是定性分析的基础，定性分析是定量分析的升华。本书运用定性分析方法及运用金融网络风险传染模型研究金融网络中风险传染的可行性，借助传染病动力学模型是对金融网络中风险传染的定量研究。根据风险在整个金融市场的扩散、蔓延等建立能反映动力学特性的数学模型，利用微分方程理论中的 Routh – Hurwitz 判别法证明金融网络中无风险平衡点的局部稳定性；通过构造 Liapunov 函数和复合矩阵理论证明金融市场间无风险平衡点和非零风险平衡点的全局稳定性；通过对模型的稳定性进行分析，寻求决定金融市场无风险蔓延与否的阈值。

（四）采取实证分析与规范分析相结合的分析方法

本书将运用复杂网络理论对研究的金融系统进行建模，力求建立一个与现实中的金融系统有很高拟合度的系统动力学模型，探求金融风险传染的阈值。选取不同的参数和初始值，运用 MATLAB 软件对风险传染过程进行仿真，探究风险传染演化的过程，为我国防范金融市场风险提供理论依据。

本书交叉使用了以上四种研究方法，试图将其纳入一个整体性的分析中。整体性，就是将金融网络中风险传染的问题放置到世界金融体系中去分析，而不是将其孤立起来；将金融网络看作是一个整体，这样尽管我们研究的只是其部分，但这个部分应该能够合理地反映和融入整个金融体系中。这就要求我们必须具有比较全面的金融风险传染的定性和定量等方面的相关知识。

三、研究的创新点

（一）研究方法的创新

本书将传染病动力学和复杂网络理论有机结合，并改进 SIR 模型，引入模型设计综合性更强、应用场景更多的 SIRS 金融网络风险传染模型，对金融网络风险传染路径进行清晰的刻画，并在此基础上研究救助等监管政策对于金融市场风险传染的救治意义。本书中的研究与传统模型相比，思路更清晰，效果也相对明显，同时可以为金融监管部门制定防范风险的决策提供理论基础和数量依据。

（二）学术观点的创新

本书创新构建 SIRS 模型，解决了金融网络中各个传染节点个体同质的问题，对原有的 SIR 模型在金融市场风险传染中的应用起到很大的改进作用。从研究影响风险传染的要素出发，通过传染病模型对金融风险的传染机制进行系统的研究，并以此来判断影响金融风险传染的各因素作用的大小。为了将研究聚焦于揭示金融风险传染扩散效应的一般规律，笔者将模型的节点进行同质化假设，并设定模型参数为外生变量，填补了利用传染病动力学和复杂网络理论对金融风险的传染机制进行系统研究的空白。应该指出的是，我们不是刻意为新而新，而是经过反复思考和对一些阶段性成果进行总结之后建立的模型，这些新体系和新方法自然而然地决定了新内容和新观点，尽管其中很多细节还不够完善，但我们仍然没有回避问题，并希望在今后的研究中逐步深入。

四、金融网络中风险传染建模

在动力学建模思想和一些基本概念的基础上，对金融网络中风险传染建模的目的与作用进行更细致的论述,并提出一些模型建立和研究中应注意的问题,这对金融网络中风险传染建模能有更好的理解和体会。建模的优势:精确数学模型的性态可用数学方法和计算机模拟去分析;建模允许不同假设和公式化效果的探查;建模提供诸如阈值、再生数等概念;建模是检验理论和评价定量猜想的实验工具;具有适当复杂性的模型可用于回答一些具体问题;建模可被用于通过适应数据来估计关键参数;模型为各种不同信息的组织、连接、交叉和检验提供结构;模型可用于比较不同类型的市场,或在不同时间、不同的金融市场内比较;模型可用于理论评估,比较或优化不同的发现、预防和控制策略;模型可用于评价结果对参数值改变的敏感性;建模可整合需要收集的最重要的数据;建模可对金融风险防范对策的分析做出贡献;模型可用于确认趋势,做一般性预防,或估计预报中的不确定性;建模结果的确实性和强劲性可通过不同模型中参数值的范围来评估。

建立金融网络中风险传染模型的主要理由是:可利用模型对影响风险传染的金融学和传染机制做清晰描述,通过模型的研究来揭示风险传染的规律,预测风险蔓延趋势,为发现、预防和控制风险的流行提供理论依据和策略,数学模型也是检验理论和定量评估猜想与结论的实验工具,利用模型通过理论分析和计算机模拟来进行所需的实验显得格外重要。当然,为保证实验结果的可靠性,首先必须使模型的建立比较合理。这就需要使模型中的每一项都符合相应的机制。然而,任何传染病模型都是现实的简化和在一定程度上的理想化,例如,通常总是假定各类子市场是均匀的混合;假定各类子市场运动而忽略了个体之间的差异和一些偶然的因素,即便这些规律也仅是现实情况的近似和简化,因此,由模型所得的结论与现实必然存在一定的误差。这种误差将因外界经济环境的不同而变动,而且难以检测或度量。简单的模型,结构简单,参数较少,容易进行分析和研究,但可能与实际差异较大;复杂的模型可能更接近实际,但难以进行理论分析,而且其中某些参数的值也可能难以获得。建模重点在于善于做适当的选择,既要使研究的结论有效,又要使模型简单而便于研究。这种选择还往往与所研究的具体风险传染和所希望回答的具体问题紧密相关。

第二章　理论基础

第一节　复杂网络理论

一、复杂网络理论起源与发展

（一）复杂网络理论起源

复杂网络的研究起源于网络理论，数学家早在两百多年前就开始了关于网络的研究，他们已经研究出了成体系的理论与技术，数学中的图论将真实的网络关系用规则的网格来表示。网络理论是数学理论的一个分支，具有拓扑性质。复杂网络研究依赖的主要数学基础理论——“图论”的主流还很难与物理学和动力学描述的要求相结合。从 1736 年开始，图论就集中研究位于某个平面（或二维曲面）上的一些基本单元之间的位置关系、这些位置之间的某种联系、图上某种量的传播等问题。这种对系统基本单元及其相互作用的描述是“静态”和“平面”的，没有提供对相互作用的丰富特性及其随时间演化的描述方法，更缺乏对这些相互作用特性与规律的总结，从而无法总结出系统行为的手段。物理学家研究网络理论也有多年的历史，到底是什么动力让物理学家开始对网络理论感兴趣呢？在我们看来，研究对象特殊的尺度效应是引起物理学家兴趣的根本原因。数学家经典的网络理论，要么是分析包含几十个或数百个顶点，可以画在一张纸上从而形成直观印象的网络；要么是讨论不含有限尺度效应，可以精确求解的网络性质。随机移走一个顶点会对网络的性质产生什么影响？这个问题对于研究有限规则网络的数学家是有意义的，但对于拥有几千万个节点的复杂多样的真实网络而言，随机移走3%的顶点对网络性质产生的影响这个问题更有意义。这个尺度的网络，是被物理学家称作足够大的网络，对它们进行研究，需要采用统计物理学的方法。

数学家和物理学家在考虑网络的时候，往往只关心节点之间有没有边相连，至于节点到底在什么位置，是长还是短，是弯曲还是平直，有没有相交等他们不在意。他们把网络不依赖于节点的具体位置和边的具体形态就能表现出来的性质叫作网络的拓扑性质，相应的结构叫作网络的拓扑结构。那么，什么拓扑结构比较适合用来描述真实的系统呢？几百年来，这个问题的研究经历了三个阶段。在最初的一百多年里，数学家认为真实系统各因素之间的关系可以用一些规则的结构表示，如二维平面上的欧几里得格网，或者最近邻环网。

到了20世纪50年代末，数学家想出了一种新的构造网络的方法，利用这种方法，两个节点之间连边与否不确定，而是根据一个概率决定。数学家把这样生成的网络叫作随机网络。直到近几年，由于计算机数据处理和运算能力的飞速发展，科学家们发现大量的真实网络既不是规则网络，也不是随机网络，而是具有与前两者皆不同的统计特征网络。社会真实网络研究的是数学、物理、生物、计算机等领域的热点问题。生物的新陈代谢、传染性疾病的控制、计算机网络病毒的传播、机器人的设计、有线及无线网络通信等都与网络科学息息相关。如果网络中存在多主体节点，且可以演化成多种不同的网络结构，那么这种网络称为复杂网络。对于它们的研究标志着复杂网络理论的出现。

（二）复杂网络理论发展

国内外对复杂网络的研究，包括基础研究和可能的应用研究，它们都在快速发展。

1998 年 Watts 和 Strogatz 提出了小世界网络，该网络能够模拟从规则网络到随机网络间的过渡状态。1999 年，Barabasi 和 Albert 通过对万维网、合作网络等的研究，发现这些网络的度数分布满足幂律分布，从而提出了著名的 BA 模型和无标度网络。基于复杂网络，大量的研究者对网络上的传播动力学行为进行了研究，如传染病的扩散、谣言的散播、文化的传播等。在基于网络的研究中，依赖某种具体的网络形式，描述个体与个体之间的关系，但以上网络忽略了个体间的接触频率信息。例如，同样是两个个体可能接触，家庭成员之间的接触相对更加频繁，陌生人之间的接触频率相对要小一些，而同一个文化圈的个体与圈外的个体相比，有更多的接触机会。基于这个事实，在考虑个体之间的关系时，我们首先将接触较多的个体构成一个簇，而簇与簇之间再连接形成一个整体网络，将个体间的接触分成两类，一类是簇间接触，一类是簇内接触。这样就搭建了一类复杂的网中网。

综上所述，复杂网络是由具有一定特征和功能的、相互关联及相互影响的基本单元构成的复杂集合体。在现实生活中，许多复杂问题都可用复杂网络来刻画和建模。例如，传染病的传播与控制、计算机病毒在网络中的扩散、谣言的流传、交通疏导等，都可以看作复杂网络上服从某种规律的传播行为。需要指出的是，目前科学家还没有给出复杂网络的精确严格的定义，从这些年的研究结果来看，之所以称其为复杂网络，包含以下几层意思：首先，它是大量真实复杂系统的拓扑抽象；其次，它至少在感觉上比规则网络和随机网络复杂，因为我们可以很容易地生成规则网络和随机网络，但目前还没有一种简单方法能够生成完全符合真实统计特征的网络；最后，复杂网络是大量复杂系统存在的拓扑基础，这有助于理解“复杂系统之所以复杂”这一至关重要的问题。

二、复杂网络特征

复杂节点的复杂性导致规模庞大。在一个复杂网络中,节点的个数可以较少,也可以有成百上千个,甚至更多。网络连接结构也相对复杂,在理论研究中存在两种极端的网络结构,即完全规则网络结构和完全随机网络结构,而在现实中的网络结构往往是介于二者之间的,具有内在的组织规律,呈现出不同的特征。网络的时空演化过程相当复杂。

这涉及复杂网络中节点间的同步化运动,包括周期性、非周期性和混沌等运动,这意味着无论是在空间上还是在时间上的演化,复杂网络都表现出相当的复杂性,有的复杂网络可能表现出上述某一种复杂性,而有的复杂网络则可能是多种复杂性的混合,这将导致复杂网络更难测度和研究。

(一)平均路径长度 L

在网络中,两点之间的距离为连接两点的最短路径上所包含的边的数目。网络的平均路径长度是指网络中所有节点对的平均距离,它表明网络中节点间的分离程度,反映了网络的全局特性。不同的网络结构可赋予 L 不同的含义。例如,在疾病传播模型中,L 可定义为疾病传播时间;在交通网络模型中,L 可定义为站点之间的距离;等等。

(二)聚集系数 C

在网络中,节点的聚集系数是指与该节点相邻的所有节点之间连边的数目占这些相邻节点之间最大可能连边数目的比例。而网络的聚集系数则是指网络中所有节点聚集系数的平均值,它表明网络中节点的聚集情况,即网络的聚集性,也就是说同一个节点的两个相邻节点仍然是相邻节点的概率有多大,它反映了网络的局部特性。

（三）度及度分布

在网络中，点的度是指与该节点相邻的节点的数目，即连接该节点的边的数目。而网络的度 $<k>$ 指网络中所有节点度的平均值。度分布 $P(k)$ 指网络中任意一个节点，它的度恰好为 k 的概率。

（四）介数

介数包括节点介数和边介数。节点介数是指网络中所有最短路径中经过该节点的数量比例，边介数则指网络中所有最短路径中经过该边的数量比例。介数反映了相应的节点或边在整个网络中的作用和影响力。

（五）小世界效应

复杂网络的小世界效应是指尽管网络的规模很大（网络节点数目 N 很大），但是两个节点之间的距离比我们想象的距离要小得多。也就是网络的平均路径长度 L 随网络的规模呈对数增长，即 $L \sim \ln N$。大量的实证研究结果表明，真实网络几乎都具有小世界效应。

网络分为规则网络、随机网络和小世界网络。复杂网络就包括了小世界网络。1998 年，网络科学取得突破性进展，美国的瓦茨和斯特罗加茨发表了题为《"小世界"网络的群体动力行为》的论文，他们推广了"六度分离"的科学假设，提出了小世界网络模型。规则的最近邻耦合网络一方面具有高聚集特征，但并不是小世界网络；另一方面 ER 随机图虽然具有小的平均距离，但没有高聚集特征。因此，这两类网络模型都不能再现真实网络的一些重要特征，毕竟大部分实际网络既不是完全规则的，也不是完全随机的。在现实生活中，人们通常认识他们的邻居和同事，但也有可能有少量远在异地他乡的朋友。而小世界网络模型是一个同时具有高聚集特征和小平均距离的网络。WS 小世界网络模型的构造算法如下：第一步，从规则图开始，考虑一个含有 N 个节点的最近邻耦合网络，它们围成一个环，其中每个节点与它

左右相邻的各 $K/2$ 个节点相连,K 是偶数。第二步,随机化重连。以概率 P 随机地重新连接网络中的每条边,即将边的一个端点保持不变,而另一个端点取为网络中随机选择的一个节点。规定任意两个不同的节点之间至多只能有一条边,且每个节点都不能有边与自身相连。这样就会产生 $PNK/2$ 条长程的边把一个节点和远处的节点联系起来。

(六)无标度特性

对于随机网络和规则网络,度分布区间非常狭窄,大多数节点都集中在平均度 $<k>$ 的附近,说明节点具有同质性,因此 $<k>$ 可以被看作是节点度的一个特征标度。而在节点度服从幂律分布的网络中,大多数节点度都很小,而少数节点度很大,说明节点具有异质性,这时特征标度消失。这种节点度的幂律分布为网络的无标度特性。

三、应用复杂网络理论研究金融网络的可行性分析

复杂网络方法允许将系统中的任意一个单元抽象成网络节点,以节点间的相互关系为边,对金融市场和实体经济进行研究,其灵活性和整体观念性使其在金融领域的应用越来越广泛。笔者利用传染病动力学理论提出了一种复杂网络构建方法,并利用其网络属性指标构建了金融网络风险传染模型,以降低金融数据的冗余度,提取到更有效、更合理的信息,进而对金融市场对实体经济的冲击的传染渠道、空间效应和行业聚集效应进行研究,这对复杂网络在金融领域的应用提出了一种新的研究视角。在一定的假设条件下,金融网络结构对金融系统的稳定性及弹性有强烈的影响,而且这种影响几乎都是非线性的,这意味着必须十分小心地实施减小系统性风险强度和范围的政策,特别是当今金融全球化高速发展,全球经济体已形成一个相互依赖的网络。

四、复杂网络的传染

(一)传染病模型理论

人类历史上曾多次受到极其剧烈的传染病的威胁,因此对传染病的描述和预测是人们由来已久的话题。传染病是由病原微生物(如病毒、细菌、支原体、衣原体、立克次氏体、螺旋体、原虫和蠕虫等)感染人或其他生物体后所产生,且能在人群或相关生物种群中引起流行的疾病。最早对传染病的统计采用的是总结经验型的统计方法,在漫长的研究过程中,人们不断吸收最新数学和物理成果,使统计方法得到改进,因此这种曾在历史上起过很大作用的方法直到今天仍然是重要的研究手段。然而,大家总希望研究灾难的人做出预报,而预报必须有一个演化模型做依据。如果一个系统完全没有确定的(或者统计规律的)演化法则,那么不管已经有了多少数据,以后的数据也可以任意变化。虽然从1840年以来就有人尝试运用简单的数学模型来建立传染病传播的模型并进行预测,然而直到二十世纪四五十年代,以微分方程为主的模型才开始受到重视。

传染病动力学作为研究生物系统的重要分支领域,它是对传染病的流行规律进行理论性定量研究的一种重要方法。目前,传染病的研究方法主要有四种:描述性研究、分析性研究、实验性研究和理论性研究。在传染病动力学研究中数学模型起着极其重要的作用,它把传染病的主要特征通过假设、参数、变量和它们之间的联系清晰地揭示出来。利用动力学的方法建立数学模型来研究某种传染病在某一地区是否会蔓延下去而成为本地区的“地方病”或者这种传染病终将消除。数学模型的分析结果能提供许多强有力的理论基础和概念。用数学模型发现传染病的传播机制,预测传染病的流行趋势已成为数学家的共识。

所谓仓室模型就是针对某类传染病将研究对象分为若干类,即若干仓室。常用仓室有:

易感者(S),即由未染病者但有可能被传染的个体所组成的仓室;

潜伏者(E),即由已有病毒潜伏的个体所组成的仓室;

感染者(I),即由已染病并具有传染力的个体所组成的仓室;

移出者(R),即由未染病且具有免疫力的个体所组成的仓室。

当易感者与感染者接触并被传染后即成为感染者,感染者恢复后就进入移出者群体。当移出者不具有永久免疫力时,经过一段时间后又会成为易感者。流行病的传播过程中显然充满了基本单元周围局部信息的影响。一个病人在可传染期间都密切接触哪些人、接触的人的免疫力如何、被传染的人的医疗条件如何、本身的康复能力如何等许多因素都可能影响传播的进程。传染病动力学的建模思想就是抛开这些具体细节,仅考虑全局的、平均的传播可能性,也就是仅考虑被看作常参量(或者是依赖于某几个全局因素的可变参量)的传播概率或者传播速率 λ,以及康复概率 γ。针对病人可治愈且终身免疫的情况,可感染人群、病人和治愈且终身免疫人群的人数变化率的最简化表述就是 SIR 模型;而治愈后并不能免疫,可能立即再次感染情况的最简化表述就是 SIS 模型。因此,传统的 SIR 模型或 SIS 模型就是传染病传播微分方程。它们可以用大家熟悉的微分方程的解法来求解,但是并不代表还原论、方法论框架下的系统动力学机制,其微分方程形式当然是决定论的。

一个有限人群中的一次具体传染病的传播受上述的每个人周围的局部信息,以及他周围病原微生物的性质、行政控制措施、人群的警惕性和卫生习惯以及医疗条件等因素的影响。因为这些局部信息不同,所以各个人群中许多次传染病的传播会显示序参量非常大的统计涨落。然而,如果这些局部信息遵循一个理想的正态随机分布,那么对于无限大人群中无限多次传染病的传播,微分方程一定就是精确的。这正表示了 SIR 模型或 SIS 模型微分方程的意义。根据这个传播过程,相应的传染病基本模型有 SI、SIRS、SEI、SEIS、SEIR、SEIRS 等。以下给出传染病模型相关定义和定理:

定义 2.1 区分疾病流行或消亡与否的临界值称为阈值。

定义 2.2 设 X 是以 d 为距离定义的距离空间,$f:X\to X$ 是一个连续流,$Y\subset X$。如果存在 $\eta>0$,对任意的 $x\in X\backslash Y$,使得

$$\lim_{n\to\infty}\inf\mathrm{dist}[f^n(x),Y]>\eta$$

则称 f 关于 Y 是一致持续生存的。

设 X 是以 d 为距离定义的距离空间，$f:X \to X$ 是一个连续流，满足 $f(X\backslash Y) \subset X\backslash Y$，$Y \subset X$。假设 X 是 X 的一个全局吸引子，即 X 是 X 的最大不变紧子集，对任意 $x \in X$，当 $n \to \infty$ 时，有 $\mathrm{dist}[f^n(x), X] \to 0$。若 Y 不是正向不变集，令 M 是 Y 中最大的正向不变集，则 $M \subset X$。

定理 2.1 f 是一致持续生存的，当且仅当

(1) M 在 X 上是孤立的；

(2) $W^s(M) \subset Y$，其中 $W^s(M) = \{x \in X: f^n(x) \to M\}$。

实际情况下，传染病传播是一个非常复杂的过程，其结果取决于具体的情况。比如，人对有些疾病有免疫能力，被感染一次后就不能再被感染，如腮腺炎、麻疹等；而人对另一些疾病没有免疫能力，可以被反复感染，如肺结核与淋病等。因此，有必要建立不同的模型来描述它们。事实上，按照粗粒化的描述方式，人们已经建立了大量的模型来描述不同的传染病传播情况。其中，对应上述按照能不能被反复感染来划分的两种典型模型分别为 SIS（易感—感染—易感）模型与 SIR（易感—感染—免疫）模型，而无标度网络以其最能真实反映社会网络的拓扑结构而成为研究中最常使用的网络模型，这里我们对几种常用的模型进行简单介绍。

1. SIS 模型

在 SIS 模型中，人群被划分为两类：易感者(S)和感染者(I)。感染者为传染的源头，它通过一定的感染率 λ 把传染病传给易感者。感染者本身也有一定的概率 u 可以被治愈；易感者一旦被感染，就又成了新的传染源。SIS 模型的感染机制可以用下式表示

$$S(i) + I(j) \xrightarrow{\lambda} I(i) + I(j)$$

$$I(i) \xrightarrow{u} S(i)$$

用 $s(t)$、$i(t)$ 分别标记群体中个体在时刻 t 处于 S 态和 I 态的密度，当易感者和感染者充分混合时，其动力学可以用下列微分方程组描述

$$
\begin{cases}
\dfrac{\mathrm{d}s(t)}{\mathrm{d}t} = -\lambda i(t)s(t) + ui(t) \\
\dfrac{\mathrm{d}i(t)}{\mathrm{d}t} = \lambda i(t)s(t) - ui(t)
\end{cases}
$$

此方程中存在一个阈值 λ_c，当 $\lambda < \lambda_c$ 时，其定态解为 $i(T) = 0$；而当 $\lambda > \lambda_c$ 时，其定态解为 $i(T) > 0$，这里 T 为达到稳定态的时间。

2. SIR 模型

SIR 模型将人群划分为三类：易感者(S)、感染者(I)和免疫者(R)。免疫者是被治愈并获得了免疫能力或者是已经死亡，即不再对相应动力学行为产生任何影响的那些节点。SIR 模型适合描述那些感染者在治愈后可以获得终身免疫能力的疾病，如麻疹、腮腺炎、水痘等，或者是那些几乎不可避免走向死亡的疾病。与 SIS 模型不同，这里感染者将不再变为易感者而是以概率 u 变为免疫者。一旦成为免疫者，则不可以再被感染。在每一个给定的时间，个体处于三态之一，其动力学方程如下

$$S(i) + I(j) \xrightarrow{\lambda} I(i) + I(j)$$

$$I(i) \xrightarrow{u} R(i)$$

用 $s(t)$、$i(t)$、$r(t)$ 分别标记群体处于 S 态、I 态和 R 态的密度。当易感者和感染者充分混合时，SIR 模型的动力学可以用下列微分方程组描述

$$
\begin{cases}
\dfrac{\mathrm{d}s(t)}{\mathrm{d}t} = -\lambda i(t)s(t) \\
\dfrac{\mathrm{d}i(t)}{\mathrm{d}t} = \lambda i(t)s(t) - ui(t) \\
\dfrac{\mathrm{d}i(t)}{\mathrm{d}t} = ui(t)
\end{cases}
$$

随着时间的延长,感染人数将逐步增加。达到充分长的时间后,感染人数将因易感者的不足而开始减少,直至感染人数变为0,传染过程结束。因此,最后的感染密度 $r(T)$ 与感染率 λ 间存在着一一对应的关系,且 $r(T)$ 可被用来测量传染的有效性,这里 T 为传染过程结束的时间。SIR 模型也存在一个阈值 λ_c,当 $\lambda<\lambda_c$ 时,感染无法扩散出去;而当 $\lambda>\lambda_c$ 时,传染暴发并变为全局性的。

3. 其他模型

SIS 模型与 SIR 模型的区别为:SIS 模型的终态为稳定态,如振荡态或不动点,低于临界点时终态为0;而 SIR 模型的终态为无感染态,低于临界阈值时总感染人数的密度为0。除了这两个典型的模型外,还有其他一些比较常用的模型,如 SI 模型、SIRS 模型、SEIR 模型等。

在 SI 模型中,个体一旦被感染就会永久地处于感染态。这个模型通常用于描述那些染病后不能治愈的疾病,或对于突然暴发尚缺乏有效控制的传染病。另外,在疾病暴发早期常使用 SI 模型进行分析,它的感染机制可以用下式表示

$$S(i)+I(j)\xrightarrow{\lambda}I(i)+I(j)$$

SI 模型的动力学可用下列微分方程组描述

$$\begin{cases}\dfrac{\mathrm{d}s(t)}{\mathrm{d}t}=-\lambda i(t)s(t)\\[2ex]\dfrac{\mathrm{d}i(t)}{\mathrm{d}t}=\lambda i(t)s(t)\end{cases}$$

在 SIRS 模型中,易感者可通过与感染者接触而变为感染者,感染者则在一定的感染时间 T_I 后变为免疫者,而免疫者在一定的恢复时间 T_R 后又变成易感者。SIRS 模型为可积系统,在平均场理论框架下可显示弛豫振荡。

在 SEIR 模型中,易感态与感染态间存在一个潜伏态。易感者与感染者接触后先变为潜伏态,然后再变为感染态。这个状态并不严格对应任何特

定的疾病,而是考虑一大类不同的病毒传递中最相关的特征与参数。其动力学方程如下

$$\begin{cases}\dfrac{\mathrm{d}s(t)}{\mathrm{d}t}=-w_{s\to e}e(t)s(t)\\\dfrac{\mathrm{d}s(t)}{\mathrm{d}t}=w_{s\to e}e(t)s(t)-w_{e\to i}e(t)\\\dfrac{\mathrm{d}s(t)}{\mathrm{d}t}=w_{s\to e}e(t)-w_{i\to r}i(t)\\\dfrac{\mathrm{d}s(t)}{\mathrm{d}t}=w_{i\to r}i(t)\end{cases}$$

其中 $w_{s\to e}$、$w_{e\to i}$、$w_{i\to r}$分别为从易感态到潜伏态,从潜伏态到感染态,以及从感染态到免疫态的概率。其相关的情况为季节性的感冒等。

(1)有潜伏期的 SEIR 模型

$$\begin{cases}S'=-\beta SI\\E'=\beta S(t)I(t)-\beta S(t-\tau)I(t-\tau)\\I'=\beta S(t-\tau)I(t-\tau)-rI\\R'=rI\end{cases}$$

常微分方程

$$\begin{cases}S'=-\beta SI\\E'=\beta SI-rE\\I'=rE-\alpha I\\R'=\alpha I\end{cases}$$

(2)有潜伏期、免疫接种的 SEIR 模型

$$\begin{cases} S' = -\beta SI - \theta S \\ E' = \beta S(t)I(t) - \beta S(t-\tau)I(t-\tau) \\ I' = \beta S(t-\tau)I(t-\tau) - rI \\ R' = rI + \theta S \end{cases}$$

(3)有潜伏期的 SEIR 时滞微分方程模型

$$\begin{cases} S' = -\beta S(t)I(t) + \mu[1 - S(t)] \\ E' = \beta S(t)I(t) - \beta S(t-\omega)I(t-\omega)\mathrm{e}^{-\mu\omega} - \mu E(t) \\ I' = \beta S(t-\tau)I(t-\tau)\mathrm{e}^{-\mu\omega} - \beta S(t-\tau-\omega)I(t-\tau-\omega)\mathrm{e}^{-\mu(\tau+\omega)} - \mu I(t) \\ R' = \beta S(t-\tau-\omega)I(t-\tau-\omega)\mathrm{e}^{-\mu(\tau+\omega)} - \mu R \end{cases}$$

这里 $S+E+I+R=1$, $E \xrightarrow{\omega} I \xrightarrow{\tau} R$,它的等价方程为

$$\begin{cases} S' = -\beta S(t)I(t) + \mu[1 - S(t)] \\ E' = \int_{t-\omega-\tau}^{t} \beta S(x)I(x)\mathrm{e}^{-\mu(t-x)}\mathrm{d}x \\ I' = \int_{t-\omega-\tau}^{t-\omega} \beta S(x)I(x)\mathrm{e}^{-\mu(t-x)}\mathrm{d}x \end{cases}$$

(4)SEIRS 微分方程模型

$$\begin{cases} S' = -\beta_1 SE - \beta_2 SI + \mu(1-S) + \delta R \\ E' = \beta_1 SE + \beta_2 SI - (\mu + \varepsilon)E \\ I' = \varepsilon E - (r + \mu)I \\ R' = rI - (\delta + \mu)R \end{cases}$$

$S+E+I+R=1$, $S+E \xrightarrow{\beta_1} E$, $S+I \xrightarrow{\beta_2} E$ 。

(5)SEIRS 时滞微分方程模型

$$\begin{cases} S' = A - \beta SI - \mu S + \alpha R \\ E' = \beta SI - e^{-\mu\tau}\beta S(t-\tau)I(t-\tau) - \mu E \\ I' = e^{-\mu\tau}\beta S(t-\tau)I(t-\tau) - (r+a+\mu)I \\ R' = rI - \mu R - \alpha R \end{cases}$$

等价方程为

$$\begin{cases} S' = A - \beta SI - \mu S + \alpha R \\ I' = e^{-\mu\tau}\beta S(t-\tau)I(t-\tau) - (r+a+\mu)I \\ R' = rI - \mu R - \alpha R \end{cases}$$

(6)垂直传染的 SEIRS 时滞微分方程模型

$$\begin{cases} S' = A - \beta SI - \mu S - (1-\alpha)\mu I \\ E' = \beta SI - e^{-\mu\tau}\beta S(t-\tau)I(t-\tau) - \mu E \\ I' = e^{-\mu\tau}\beta S(t-\tau)I(t-\tau) - (r+a+\alpha\mu)I \\ R' = rI - \mu R \end{cases}$$

研究传染病传播问题时,必须对特殊传染疾病在给定网络上的传播建模,其目的在于重现传染病的真实动力学,并设计出控制或可能根除疾病的途径。这些数学模型就可以成为研究传染病的重要工具,可用来评估传染病的威胁程度,预报传染病(如麻疹、腮腺炎、水痘、登革热、流行性感冒、结核病、艾滋病及手足口病等)的暴发。依靠这些数学模型我们还可以研究复杂网络中的流言传播、计算机病毒在计算机网络中的蔓延等。传染病传播的速度很快,对社会的影响非常大,会引起全社会的极大关注。在复杂网络中,最近的理论和实验结果都表明,传染病的传染阈值与网络系统的节点数有着紧密联系。在复杂网络传播动力学的研究中,传染阈值是理论和实验研究工作者特别关注的一个重要参量。对于节点数非常多的网络系统而言,如果传染病的传染率大于该传染阈值,那么感染者人数将占一个有限大小的比例,即传染病会暴发且持续存在;否则,感染者人数会呈指数衰减,其占总人数的比例将接近0,即传染病将会自然消失。

一个基本假设是:能够感染传染病或传播信息的个体位于一个复杂网络的各个节点上,只能通过节点间的连边进行传染,传染效率由传染率(即易感者与一个感染者接触而获得感染的概率)决定。用 λ 表示传染率,则传染病在网络中的平均波及范围与其传染率 λ 呈正相关。传染病传播中一个重要的量是传染阈值 λ_c。对于一个节点数目非常大的网络系统,当传染率满足 $\lambda < \lambda_c$时,感染者的人数占总人数的比例接近0;而当 $\lambda > \lambda_c$时,感染者的人数就会达到一个有限大小的比例。因此,在传染病传播的研究中,人们主要把注意力放在研究不同网络模型条件下病毒传播的阈值问题上。真实网络通常由有限的个体组成,不符合系统节点数无限大的这个极限。因此,理论和数值研究结论与实验结果将存在很大差异。网络的结构对传染病的传播也会产生很大的影响。

(二)均匀网络中的传染病传播

在不同的网络模型中,系统研究体系的大小对传染阈值的影响对于探讨真实复杂网络中传播特性具有指导意义。按照度分布,复杂网络可分为均匀网络与非均匀网络,它们的传染病传播是不同的。对于前者,其动力学可由平均场或均匀混合的方法给出;而对于后者,我们必须考虑度分布的影响。如果一个网络的度分布在某一平均值附近且度分布呈指数衰减,则度分布范围不大,可将其看作是均匀的,这样的网络称为均匀网络,如随机网络与小世界网络等。当网络的度分布满足幂律或度分布的范围很大时,应将其看作是不均匀的,这样的网络被称为非均匀网络,如BA无标度网络等。本节简单介绍了传染病在均匀与非均匀网络上的传播,并介绍无标度网络中零传染阈值的一些重要结论。按照度分布,复杂网络可以分为均匀网络和非均匀网络。

均匀网络的度分布范围不大,在某一平均值附近度分布呈指数衰减,如随机网络与小世界网络。对于均匀网络,其传播动力学通常可以由平均场或均匀混合的方法给出。在均匀网络中，每个节点的度近似等于网络节点的平均度，即 $k \approx <k>$。我们首先考虑 SIS 模型，均匀网络中每个节点的度近似等于网络节点的平均度，即 $k \approx <k>$。对于 SIS 模型来说，在每一个时间步，如果网络中易感者至少和一个感染者相连，则它被感染的概率为 α；同时，感染者被治愈变为易感者的概率为 β。

为了便于研究，这里对 SIS 模型做了两个假设：(1)均匀混合假设：有效传染率 λ 与系统中处于感染状态的个体的密度 $\rho(t)$ 成正比，即 α 和 β 都是常数。(2)假设病毒的时间尺度远远小于个体的生命周期，从而不考虑个体的出生和自然死亡。令有效传染率（或有效传播率）$\lambda = \alpha/\beta$，它是一个非常重要的参量。在每一个时间步，如果其与一个或多个感染节点接触，则一个易感节点将以概率 v 被感染。同时，感染节点以概率 u 被治愈，然后再次变成易感者。令有效传染率 $\lambda = v/u$，不失一般性，令 $u = 1$，这种做法只是改变演化时间的尺度。均匀网络中存在一个传染阈值 λ_c。当有效传播率 λ 大于 λ_c 时，感染者能够将病毒传播扩散，并使得整个网络中感染者的总数最终稳定于某一平衡状态，此时网络处于激活相态（active phase）；当有效传播率 λ 小于 λ_c 时，感染者的数量呈指数衰减，无法大范围传播，此时网络处于吸收相态（absorbing phase）。在均匀网络中，存在一个正的传染阈值将激活相态和吸收相态分开。我们这里介绍平均场理论对均匀网络情况的处理。被感染节点的密度随时间的延长满足如下方程

$$\frac{d\rho(t)}{dt} = -\rho(t) + \lambda <k> \rho(t)[1 - \rho(t)]$$

上式中，右边第一项表示感染节点以单位速率减少，第二项表示新感染的节点数目正比于传染率 λ，以及从每个节点发出的连线数及给定连线指向易感者的概率 $\rho(t)[1 - \rho(t)]$。由于均匀网络只有非常小的涨落，我们取 $k \approx <k>$ 作为一级近似。利用定态条件 $d\rho(t)/dt = 0$ 可得到

$$\rho[-1 + \lambda <k> (1 - \rho)] = 0$$

这里 ρ 为感染节点的定态密度。此方程给出传染病的传染阈值 $\lambda_c = <k>^{-1}$，且

$$
\begin{aligned}
&\rho = 0 && \text{if} \quad \lambda < \lambda_c \\
&\rho \approx \lambda - \lambda_c && \text{if} \quad \lambda \geqslant \lambda_c
\end{aligned}
$$

对于 SIR 模型，易感者 $s(t)$、感染者 $i(t)$ 和免疫者 $r(t)$ 的密度满足守恒条件

$$s(t) + i(t) + r(t) = 1$$

且它们三者服从如下的微分方程

$$
\begin{cases}
\dfrac{\mathrm{d}s(t)}{\mathrm{d}t} = -\lambda <k> i(t)s(t) \\
\dfrac{\mathrm{d}i(t)}{\mathrm{d}t} = \lambda <k> i(t)s(t) - i(t) \\
\dfrac{\mathrm{d}r(t)}{\mathrm{d}t} = i(t)
\end{cases}
$$

这个方程基于均匀混合假设，其传染率正比于感染者的密度。事实上，均匀混合假设等价于平均场处理，即各易感节点与感染节点有相同程度的接触。此模型的另一个隐含假设是疾病的时间尺度远小于个体的寿命，因此在方程中并没有包含个体的出生率与死亡率。

不同于 SIS 模型，这里传染效率是以最后的感染人口 r_∞ 来衡量的。当 λ 低于传染阈值（$\lambda < \lambda_c$）时，$r_\infty = \lim\limits_{t\to\infty} r(t)$ 在非常大的人口极限下为无穷小；而当 λ 大于传染阈值（$\lambda > \lambda_c$）时，疾病传播并感染有限比例的人群。在初始条件 $r(0) = 0$ 与 $s(0) \approx 1$［即假定 $i(0) \approx 0$］下，我们得到

$$s(t) = \mathrm{e}^{-\lambda <k> r(t)}$$

将此结果与假设条件结合，可得到总感染人数 r_∞，满足下列自洽方程

$$r_\infty = 1 - e^{\lambda <k> r_\infty}$$

为了得到非零解，必须满足下列条件

$$\frac{d(1 - e^{-\lambda <k> r_\infty})}{dr_\infty}|_{r_\infty} > 1$$

这个条件等价于设定 $\lambda > \lambda_c$，其阈值在这个特殊情况下取 $\lambda_c = <k>^{-1}$。在 $\lambda = \lambda_c$ 处进行泰勒展开，可得传染效率为

$$r_\infty \approx (\lambda - \lambda_c)$$

（三）非均匀网络中的传染病传播

在无标度网络中，无论传染病的传染性多么弱，传染病仍然能够暴发并且持续存在。

在无标度网络中，由于度分布满足幂律分布，一个随机选取的节点倾向于连接关键节点或连接度大的节点，因此连接度大的节点就容易感染，然后作为“种子”去感染其他人，从而产生比均匀网络中的传染病传播速度更快的现象。为了刻画网络拓扑对传染病传播的影响，通常将节点按照度来分组，相同度的节点为一组。对 SIS 模型，用 ρ_k 代表度为 k 的组中感染节点的密度，则 ρ_k 满足下列微分方程

$$\frac{d\rho_k(t)}{dt} = -\rho_k(t) + \lambda k[1 - \rho_k(t)] \sum_{k'} P(k' | k)\rho_{k'}(t)$$

其中，右边第一项描述由单位恢复率导致的感染群体的湮灭；第二项为产生项，正比于易感人群的密度 $1 - \rho_k$ 乘以传播率 λ、邻居数 k 及任意邻居被感染的概率；后者为从一个度为 k 的节点连向度为任意 k' 的节点的联合概率 $P(k'|k)\rho_{k'}$ 的平均。这个方程因忽略了密度－密度及度关联的高阶项而

可看作是某种程度的近似。将 $\sum_{k'} P(k' \mid k)\rho_{k'}(t)$ 记作 $\Theta[\rho(t)]$，则方程变为

$$\frac{\mathrm{d}\rho_k(t)}{\mathrm{d}t} = -\rho_k(t) + \lambda k[1 - \rho_k(t)]\Theta[\rho(t)]$$

在定态，ρ 只是 λ 的函数，因此概率 Θ 也变成 λ 的隐函数。令 $\partial_t \rho_k(t) = 0$，我们有

$$\rho_k = \frac{\lambda k \Theta(\lambda)}{1 + \lambda k \Theta(\lambda)}$$

对于非关联网络，概率 $P(k' \mid k)$ 等于 $kP(k)/ < k >$，因此 Θ 可被写为

$$\Theta = \sum_{k'} P(k' \mid k)\rho_{k'} = \frac{1}{< k >}\sum_k kP(k)\frac{\lambda k \Theta(\lambda)}{1 + \lambda k \Theta(\lambda)}$$

这是一个自治方程，可用来求解 $\Theta(\lambda)$ 及 ρ_k，最后我们可以用下列关系来估算序参量 ρ

$$\rho = \sum_k P(k)\rho_k$$

求解方程，可求得非均匀网络上 SIS 模型的传染阈值为

$$\lambda_c = \frac{< k >}{< k^2 >}$$

对于无限大的具有度分布 $P(k) \sim k^{-\gamma}$ 与 $\gamma \leqslant 3$ 的网络，有 $< k^2 > = \infty$，对应 $\lambda_c = 0$，即在无标度网络中，无论传染概率多小，传染病都能持久存在，这个结果很好地解释了为什么病毒与舆论可以在互联网与社会网络中传播如此快，并在当时引起轰动效应。

对于 SIR 模型，用 $s_k(t)$、$i_k(t)$、$r_k(t)$ 分别表示一个度为 k 的组中易感、感染及免疫人群的密度，且它们由归一化条件联系在一起，公式如下

$$s_k(t)+i_k(t)+r_k(t)=1$$

做与 SIS 模型类似的分析，我们得到下列动力学演化方程

$$\begin{cases}\dfrac{\mathrm{d}s_k(t)}{\mathrm{d}t}=-\lambda k s_k(t)\Theta(t)\\ \dfrac{\mathrm{d}i_k(t)}{\mathrm{d}t}=-i_k(t)+\lambda k s_k(t)\Theta(t)\\ \dfrac{\mathrm{d}r_k(t)}{\mathrm{d}t}=i_k(t)\end{cases}$$

动力学演化方程可在初始条件 $r_k(0)=0, i_k(0)=i^0$ 及 $s_k(0)=1-i^0$ 条件下求解。在极限 $i^0\to 0$ 时，我们可取 $i_k(0)\approx 0, s_k(0)\approx 1$。在这个近似条件下，动力学演化方程可被直接积分得

$$s_k(t)=\mathrm{e}^{-\lambda k\varphi(t)}$$

其中 $\varphi(t)$ 为辅助函数

$$\varphi(t)=\int_0^t\Theta(t')\mathrm{d}t'=\frac{1}{<k>}\sum_k kP(k)r_k(t)$$

辅助函数的变化可由其对时间的导数给出

$$\begin{aligned}\frac{\mathrm{d}\varphi(t)}{\mathrm{d}t}&=\frac{1}{<k>}\sum_k kP(k)i_k(t)\\ &=\frac{1}{<k>}\sum_k kP(k)[1-r_k(t)-s_k(t)]\\ &=1-\varphi(t)-\frac{1}{<k>}\sum_k kP(k)s_k(t)\end{aligned}$$

将已得到的 $s_k(t)$ 的表达式代入,可得关于 $\varphi(t)$ 的微分方程

$$\frac{\mathrm{d}\varphi(t)}{\mathrm{d}t} = 1 - \varphi(t) - \frac{1}{<k>}\sum_k kP(k)\mathrm{e}^{-\lambda k\varphi(t)}$$

动力学演化方程为关于 $\varphi(t)$ 的自洽方程,其可在给定 $P(t)$ 的条件下求解。一旦求解了动力学演化方程,我们就可以得到作为 $\varphi_\infty = \lim_{t\to\infty}\varphi(t)$ 的函数的总传播效率 r_∞。由于 $r_k(\infty) = 1 - s_k(\infty)$,我们得到

$$r_\infty = \sum_k P(k)(1 - \mathrm{e}^{-\lambda k\varphi_\infty})$$

我们也可以计算传染阈值 λ_c。$i_k(\infty) = 0$ 与 $\lim_{t\to\infty}\mathrm{d}\varphi(t)/\mathrm{d}t = 0$,由动力学演化方程我们得到下列关于 φ_∞ 的自洽方程

$$\varphi_\infty = 1 - \frac{1}{<k>}\sum_k P(k)\mathrm{e}^{-\lambda k\varphi_\infty}$$

为了得到非零解,必须满足如下条件

$$\frac{\mathrm{d}}{\mathrm{d}\varphi_\infty}\left[1 - \frac{1}{<k>}\sum_k P(k)\mathrm{e}^{-\lambda k\varphi_\infty}\right]\Big|_{\varphi_\infty = 0} > 1$$

这个关系意味着

$$\frac{1}{<k>}\sum_k P(k)(\lambda k) = \lambda\frac{<k^2>}{<k>} > 1$$

从而,阈值为

$$\lambda_c = \frac{<k>}{<k^2>}$$

五、金融网络中风险传染模型概述

本书主要研究了两类金融风险传染模型,一类是 SIR 和 SIS 组合模型,一类是考虑潜伏期传染的 SEIR 模型。金融系统中,不同的市场抗风险的能力不同,各个子市场被风险传染后,其中部分节点子市场能够通过有效的防范对策对风险永久免疫;一部分恢复为风险免疫子市场,另一部分节点子市场在被风险传染后,没有进行及时有效的控制,因而无法形成对风险的免疫,再次进入风险暴露子市场。因此,本书考虑了 SIR 和 SIS 组合模型。由于金融机构如银行的不良资产存在潜伏的风险,表外业务也存在潜伏的风险,本书考虑了一类潜伏期传染 SEIR 模型,对金融网络中的传染动力学进行了细致的分析,比较完整地分析了所建模型的动力学性态,发现有效防范金融风险跨市场传染,关键在于降低基本再生数,同时控制好相关参数。这就需要在增强金融子市场风险防控能力的基础上,在宏观层面上建立起系统性风险防控机制并加强监管,从事前与事后两个方面统筹采取风险防范策略。

第二节　稳定性理论

稳定性概念的出现,已有悠久的历史,早在 17 世纪就出现过托里拆利原理,即物体仅受重力作用,当重心位置最低时其平衡是稳定的,反之是不稳定的。在动力学方面,稳定运动的严格的解的选择原理却一直未建立起来。稳定性概念也早被拉普拉斯(Laplace)、拉格朗日(Lagrange)、麦克斯韦(Maxwell)、汤姆孙(Thomson)、泰特(Tait)、庞加莱(Poincare)等人采用过,但都无精确的数学定义,也未从数学的角度去严格证明其合理性。因此,可以说在这之前稳定性的一般理论还没有形成。直到1892年,俄国数学家、力学家李雅普诺夫(Liapunov)的博士论文给出了运动稳定性严格、精确的数学定义和一般方法,从而奠定了稳定性理论的基础。但是人们对李雅普诺夫稳定性(Liapunov 稳定性)理论的了解、继承和发展确是一个漫长的过程。

一、常微分方程的基本概念和基本理论

(一)基本概念

考虑 n 维自治系统

$$\frac{dx}{dt} = f(x) \tag{2-1}$$

其中 $f(x) = [f_1(x), \cdots, f_n(x)]^T, f(0) = 0$, $x \in D$, $f_i \in C(D, R^n)$, $D \subset R^n$。

定义2.3　点 $x^* = (x_1^*, x_2^*, \cdots, x_n^*)$ 称为系统(2-1)的平衡点,如果对于所有的 $i = 1, 2, \cdots, n$ 满足方程

$$f(x^*) = 0$$

定义2.4　平衡点 $x^* = (x_1^*, x_2^*, \cdots, x_n^*)$ 称为稳定的,如果对任意的 $\varepsilon > 0$,存在一个 $\delta(\varepsilon) > 0$,使得对于系统(2-1)的每一个初始值满足不等式

$$|x(t_0) - x^*| < \delta(\varepsilon)$$

其解 $x_i(t)$ 对所有的 $t \geq t_0$,都有

$$|x(t,t_0,x_0) - x^*| < \varepsilon$$

定义 2.5 如果平衡点 $x^* = (x_1^*, x_2^*, \cdots, x_n^*)$ 称为稳定的，而且当 $|x(t_0) - x^*| < \delta$ 时，所有以 $x(t_0)$ 为初值的解都有

$$\lim_{t\to\infty}|x(t_0) - x^*| = 0$$

则称 $x^* = (x_1^*, x_2^*, \cdots, x_n^*)$ 为渐近稳定的。

定义 2.6 平衡点 $x^* = (x_1^*, x_2^*, \cdots, x_n^*)$ 称为全局渐近稳定的，如果平衡点 $x^* = (x_1^*, x_2^*, \cdots, x_n^*)$ 是稳定的并且对所有从初值出发的轨线，当 $t \to +\infty$ 时，趋于 $x^* = (x_1^*, x_2^*, \cdots, x_n^*)$。

定义 2.7 设轨线 $\varphi(P,t)$ $(t_0 \leqslant t < +\infty)$ 为自治系统(2－1)的正轨线，记作 L_P^+ 或 $\varphi(P,l^+)$；设轨线 $\varphi(P,t)$ $(-\infty < t \leqslant t_0)$ 为负轨线，记作 L_P^- 或 $\varphi(P,l^-)$；将它的轨线 $\varphi(P,t)$ $(-\infty < t < +\infty)$ 也记作 L_P 或 $\varphi(P,l)$。

定义 2.8 $\Omega(A)$ 极限集。若存在序列 $\{t_n\}$，当 $n \to +\infty$ 时，$t_n \to +\infty$ $(-\infty)$，使得

$$\lim_{n\to\infty}\varphi(P,t_n) = P^*$$

则称 P^* 为自治系统(2－1)过 P 点的轨线 $\varphi(P,t)$ 的 $\omega(\alpha)$ 极限点，或称正(负)轨线 L_P^+ (L_P^-)的 $\omega(\alpha)$ 极限点。$\varphi(P,t)$ 的 $\omega(\alpha)$ 极限点的全体称为 $\varphi(P,t)$ 的 $\Omega(A)$ 极限集，记为 $\Omega_P(A_P)$。

定义 2.9 设有集合 B，若 $\forall P \in B$，系统(2－1)过 P 点的整条轨线 $L_P \in B$，则称 B 是系统(2－1)的一个不变集。

定义 2.10 设函数 $V(x)$ 在原点的某邻域 U 中有定义，$V(x)$ 在 U 中连续可微，且满足 $V(0) = 0$。若除原点外对所有的 $x \in U$ 均有 $V(x) > 0$ $(V(x) < 0)$，则称 $V(x)$ 为正定函数(负定函数)。

定义 2.11 称 $g(x)$ 在 R^n 中某区域 W 上满足利普希茨条件(Lipschiz 条件)，是指如果存在一个常数 L，使得当 $x, y \in W$ 时，有

$$|g(x) - g(y)| \leqslant L|x - y| \tag{2-2}$$

其中 L 称为 $g(x)$ 在 W 上的 Lipschitz 常数。

定义 2.12 求自治系统(2-1)满足初始条件 $x(0) = x^0$ 的解的定解问题称为柯西问题。

(二)基本定理

定理 2.2(微分方程解的存在唯一性定理) 考虑柯西问题

$$\begin{cases} \dfrac{dx}{dt} = f(t,x) \\ x(t_0) = x_0 \end{cases} \tag{2-3}$$

其中 $\boldsymbol{x}$ 是 $\mathbf{R}^n$ 中的向量,f 是实变量 t 和 n 维向量 $\boldsymbol{x}$ 的 n 维向量值函数。若 $f(t,x)$ 在开区间 $G \subseteq \mathbf{R} \times \mathbf{R}^n$ 中满足下列条件:

(1) f 在 G 内连续;

(2) f 在 G 内关于 x 满足局部 Lipschitz 条件,即如果点 $P_0(t_0,x^0) \in G$,存在

$$G_0 = \{(t,x) \mid |t - t_0| \leqslant a, \| x - x^0 \| \leqslant b\} \subset G$$

和依赖于 P_0 点的常数 L_{P_0},使得 $\forall (t,x^1),(t,x^2) \in G_0$,有不等式

$$\| f(t,x^1) - f(t,x^2) \| \leqslant L_{P_0} \| x^1 - x^2 \|$$

成立,其中 $\| \ \|$ 表示范数。

则柯西问题(2-3)在区间 $|t - t_0| \leqslant h^*$ 上存在唯一的解。其中

$$0 < h^* < \min(h, \frac{1}{L_{P0}}), \quad h = \min(a, \frac{b}{M})$$

$$M = \max_{(t,x]\subseteq G_0} \| f(t,x) \|$$

定理 2.3(比较原理)　设有柯西问题

$$(E_1):\begin{cases}\dfrac{dy}{dt} = f(t,y)\\ y(t_0) = y_0\end{cases}$$

$$(E_2):\begin{cases}\dfrac{dy}{dt} = F(t,y)\\ y(t_0) = y_0\end{cases}$$

其中f与F均在区域$G \subset R \times R$上连续,关于y满足局部 Lipschitz 条件,$(t_0,y_0) \in G$,并设(E_1)与(E_2)的解均在闭区间$[a,b]$上存在,分别记作$y = y(t)$与$y = Y(t)$,$a \leqslant t \leqslant b$。若

$$f(t,y) \leqslant F(t,y), \forall (t,y) \in G$$

则当$t_0 \leqslant t \leqslant b$时,

$$y(t) \leqslant Y(t)$$

当$a \leqslant t \leqslant t_0$时,

$$y(t) \geqslant Y(t)$$

(三)自治系统零解的稳定性理论

在实际问题中提出的微分方程往往是很复杂的,无法求出其解析解,这就需要我们从方程本身来判断零解的稳定性,Liapunov 直接法就是解决这一问题的有效途径。这一部分我们先引入V函数的定义,然后再给出Liapunov

稳定性定理。

1. V 函数

设函数 $V(x)$ 在 $\mathbf{R}^n$ 中原点的某邻域 U 中有定义，$V(x)$ 在 U 中连续可微，且满足 $V(0) = 0$ 。

定义 2.13　若除原点外对所有 $x \in U$ 均有 $V(x) > 0[V(x) < 0]$，则称 $V(x)$ 为正定函数（负定函数）；若对所有 $x \in U$ 均有 $V(x) \geqslant 0[V(x) \leqslant 0]$，则称 $V(x)$ 为半正定函数或常正函数（半负定函数或常负函数）；若 U 中原点的任一邻域内 $V(x)$ 既可取正值，也可取负值，则称 $V(x)$ 为变号函数。

例如，$V(x) = x_1^2 + x_2^2 + x_3^2$ 是 R^3 中的正定函数，$V(x) = x_1^2 + x_2^2$ 是 R^3 中的半正定函数，而 $V(x) = x_1^2 - x_2^2$ 是 R^3 中的变号函数。

由定义 2.13 可以看出，$V(x)$ 是正定时必是半正定的。另外，正定和半正定与空间的维数和邻域 U 的大小有关。例如，$V(x) = x_1^2 + x_2^2$ 是 R^2 中的正定函数，而它在 R^3 中仅是半正定的。利用化为极坐标的方法可以看出，函数 $V(x) = x_1^2 + x_2^2 + x_1^4 - x_2^4$ 在 R^2 中的区域 $x_1^2 + x_2^2 < \frac{1}{2}$ 中是正定函数，而在 $x_1^2 + x_2^2 < 2$ 中不是正定函数。

最常用的 V 函数是二次型 $V(x) = x^{\mathrm{T}}Ax$，因为二次型的表达式简单，其符号类型可以利用线性代数中有关 A 的特征值理论来判定，且一些复杂的 V 函数往往可以通过对二次型的修改得到。

一般判断 V 函数的符号十分困难，通常是把 $V(x)$ 在原点展开为泰勒级数

$$V(x) = V_m(x) + V_{m+1}(x) + \cdots$$

其中，$V_m(x)$、$V_{m+1}(x)$ 分别是 x 的 m 次、$m+1$ 次齐次函数，根据 $V(x)$ 展开式中的最低次项，在许多情况下就可以确定 $V(x)$ 在原点邻域内的符号。

对于正定函数 $V(x)$，容易证明当 $c > 0$ 充分小时，$V(x) = c$ 是 $\mathbf{R}^n$ 中包围原点的闭曲面，且随着 c 趋近于 0，$V(x) = c$ 缩向坐标原点。事实上，由正

定函数的定义可知，在 U 内的闭曲面 $\|x\| = \delta$ 上，$V(x)$ 有正的下界 ε，当 $0 < c < \varepsilon$ 时，在连接原点与 $\|x\| = \delta$ 任意一点的任意一条连续曲线的线段上至少有一点 x^0，使 $V(x^0) = c$，所以 $V(x) = c$ 是包围原点的闭曲面。

2. Liapunov **稳定性定理**

定理 2.4（Liapunov 稳定性定理） 设 $x_0 \in W$，且 x_0 是自治系统(2-1)的平衡点。如果 U 是 x_0 的邻域，$U \subset W$，有函数 $V: U \to R^1$，在 U 上连续，在 $U - x_0$ 上可微，满足

(1) $V(x_0) = 0$；$V(x) > 0$，当 $x \neq x_0$ 时；

(2) $V'(t) = \dfrac{\mathrm{d}V[x(t)]}{\mathrm{d}t} \leqslant 0$，当 $x \neq x_0$ 时，设 $x(t)$ 是自治系统(2-1)的轨线，则 x_0 是自治系统(2-1)的稳定点；

(3) 若函数 V 还满足 $V'(t) < 0$，当 $x \neq x_0$ 时，则 x_0 是自治系统(2-1)的渐近稳定点。

若函数 V 满足条件(1)与(2)，就称其为 x_0 的 Liapunov 函数；若函数 V 满足条件(1)、(2)和(3)，就称其为严格的 Liapunov 函数。此定理又称为 Liapunov稳定性定理。

定理 2.4 的几何意义是：函数 $V(x)$ 正定时，$V(x) = c$ 是包围原点的闭曲面族，且随着 c 的减少而缩向原点。当全导数 $\mathrm{d}V(x)$ 半负定时，且当 $t = t_0$ 时，过 x^0 的轨线 $x = x(t)$ 上，$V[x(t)]$ 的值不会增加，自治系统(2-1)的轨线只能停留在 $V(x) = V(x^0)$ 内，所以原点是稳定的。当全导数 $\mathrm{d}V(x)$ 负定时，原点邻域内自治系统(2-1)的轨线不断跑向闭曲面族 $V(x) = c$ 中更小的一个闭曲面，最终趋于原点，所以自治系统(2-1)的零解是渐近稳定的。该几何意义也正是我们证明定理 2.4 的基本思想。

证明：设 $V(x)$ 正定，对任意给定的 $\varepsilon > 0$（不妨假设闭曲面 $B_\varepsilon = \{x, \|x\| \leqslant \varepsilon\}$ 在 U 中），取

$$m = \min_{\|x\| = \varepsilon} V(x) > 0$$

则当 $l < m$ 时，$V(x) < l$ 的点 x 必全部位于原点的 ε 邻域内。由 $V(x)$ 的连

续性可知,必有 $\delta > 0$,使得当 $\|x\| < \delta$ 时 $V(x) < l$ 。由 $dV(x) \leqslant 0$,当 $\|x^0\| < \delta$ 时,对一切 $t \geqslant t_0$,有 $V[x(t)] \leqslant V(x^0) < l$;当 $t \geqslant t_0$ 时, $\|x(t)\| < \varepsilon$ 。这就说明了全导数 $dV(x)$ 半负定时,自治系统(2-1)的零解是稳定的。

当全导数 $dV(x)$ 负定时,自治系统(2-1)的零解稳定,只要 $\lim\limits_{t\to+\infty}x(t) = 0$,即可证明(2-1)的零解渐近稳定。利用反证法,设自治系统(2-1)的零解不是渐近稳定的,则至少有一个从上述原点的 δ 邻域内某点出发的解 $\bar{x}(t)$,使得 $\lim\limits_{t\to+\infty}\bar{x}(t) \neq 0$ 。由于全导数 $dV(x)$ 负定,故 $V[\bar{x}(t)]$ 单调下降,由 V 的正定性可知,必有 $\lim\limits_{t\to+\infty}V[\bar{x}(t)] = V^* > 0$,且当 $t \geqslant t_0$ 时, $V[\bar{x}(t)] \geqslant V^*$ 。由 $V(x)$ 的连续性可知,必存在 $0 < \eta < \varepsilon$,使得 $t \geqslant t_0$ 时有 $\|x(t)\| > \eta$ 。

又由于全导数 $dV(x)$ 是负定的,必有 $\alpha > 0$,在区域 $\eta < \|x\| < \varepsilon$ 内, $dV(x) < -\alpha < 0$,得

$$\frac{dV[\bar{x}(t)]}{dt} < -\alpha , t \geqslant t_0$$

对上式两边积分得

$$V[\bar{x}(t)] \leqslant V(\bar{x}^0) - \alpha(t - t_0)$$

上式表明 $\lim\limits_{t\to+\infty}V[\bar{x}(t)] = -\infty$,这与 $V[\bar{x}(t)] \geqslant V^* > 0$ 矛盾,因此自治系统(2-1)的零解是渐近稳定的。

3. Liapunov 稳定性理论的方法和应用

Liapunov 在 1892 年提出了用于分析系统稳定性的理论,并且提出了两种研究非线性系统稳定性的方法:第一种方法是直接方法,也叫 V 函数方法,无须求微分方程的特解或通解,而是寻找具有某些特征的辅助函数 V 函数,并用它来判断稳定性。第二种方法是间接法,用级数展开求通解,然后再判断系统的稳定性。1960 年拉萨尔给出了 Liapunov 直接法,特别是利用

极限集的不变性,可以做到这一点,因此他称此思想为“不变原理”。他以不变原理为纲,用简洁的篇幅,高度概括地介绍了动力系统运动稳定性的基本理论。

定理2.5(不变原理) 设V是自治系统(2-1)的定义在开子集$\Omega \subset D$内的一个Liapunov函数,V在$\overline{\Omega}$上连续,令

$$E = \{x \in \overline{\Omega} | V'(t) = 0\}$$

M是自治系统(2-1)在E中的最大不变子集,从Ω内出发的任意一正半轨$\Gamma_+(x_0)(x_0 \in \Omega)$恒在$\Omega$中且有界,则轨线$\Gamma_+(x_0)$的$\omega$极限集$\omega[\Gamma_+(x_0)] \subset M$,且有

$$\lim_{t \to +\infty} \mathrm{dist}[x(t, x_0), M] = 0$$

推论2.1 在定理2.5的条件下,若$M = \{x^*\}$,这里$f(x^*) = 0$,则系统(2-1)的平衡点x^*在Ω内是全局吸引的。

定理2.6 若极限集非空,有界,不包含平衡点,则一定是一条闭轨线。

定理2.7(Routh-Hurwitz判别法) 常系数线性方程组

$$\boldsymbol{X}' = \boldsymbol{A}\boldsymbol{X} \tag{2-4}$$

其中

$$\boldsymbol{X} = (x_1, \cdots, x_n)^{\mathrm{T}}, \boldsymbol{A} = \begin{pmatrix} a_{11} & \cdots & a_{1n} \\ \vdots & \ddots & \vdots \\ a_{n1} & \cdots & a_{nn} \end{pmatrix}$$

若系统(2-4)的特征方程可以写成如下标准形式

$$a_0\lambda^n + a_1\lambda^{n-1} + \cdots + a_{n-1}\lambda + a_n = 0$$

现以它的各项系数写出如下行列式

$$\Delta_n = \begin{vmatrix} a_1 & a_0 & 0 & 0 & 0 & \cdots \\ a_3 & a_2 & a_1 & a_0 & 0 & \cdots \\ a_5 & a_4 & a_3 & a_2 & a_1 & \cdots \\ a_7 & a_6 & a_5 & a_4 & a_3 & \cdots \\ \vdots & \vdots & \vdots & \vdots & \vdots & \ddots \\ 0 & 0 & 0 & 0 & 0 & a_n \end{vmatrix}$$

行列式中,对角线上各元素为特征方程中自第二项开始的各项系数。每行以对角线上各元素为准,写对角线左方各元素时,系数 a 的下角标递增;写对角线右方各元时,系数 a 的下角标递减;当写到在特征方程中不存在的系数时,则以 0 来代替。

系统(2－4)的零解稳定的充分必要条件是在 $a_0 > 0$ 的情况下,上述各行列式的各阶主子式均大于零,即对稳定的系统来说,要求

$$\Delta_1 = a_1 > 0\ ,\ \Delta_2 = \begin{vmatrix} a_1 & a_0 \\ a_3 & a_2 \end{vmatrix} > 0\ ,\ \Delta_3 = \begin{vmatrix} a_1 & a_0 & 0 \\ a_3 & a_2 & a_1 \\ a_5 & a_4 & a_3 \end{vmatrix} > 0\ ,\cdots,\ \Delta_n > 0$$

二、极限方程理论

定义 2.14(极限方程)　设有非自治系统

$$\frac{\mathrm{d}x}{\mathrm{d}t} = f(t,x)\ ,f:\mathbf{R} \times D \subseteq \mathbf{R} \times \mathbf{R}^n \to \mathbf{R}^n \tag{2-5}$$

与自治系统

$$\frac{\mathrm{d}y}{\mathrm{d}t} = g(y), g:\mathbf{R}^n \to \mathbf{R}^n \tag{2-6}$$

满足解的存在唯一性条件,解的存在区间为 $(a, +\infty)$ 。

若当 $t \to +\infty$ 时,对 $\forall x \in D$, $f(t,x)$ 一致地趋向于 $g(x)$,则称系统(2-6)是系统(2-5)的极限系统;而系统(2-5)称为具有极限系统(2-6)的渐近自治系统。

在一定条件下,渐近自治系统的解与其极限系统的解之间有密切关系。

定理 2.8 设 $f \in C(\mathbf{R} \times \mathbf{R}^n)$, $g \in C(\mathbf{R}^n)$ 均满足局部 Lipschitz 条件,若系统(2-5)的任一解均正向有界,且其极限系统(2-6)的平衡点 x_0 全局渐近稳定,则系统(2-5)的任一解 $x(t)$ 都有

$$\lim_{t \to +\infty} x(t) = x_0$$

三、复合矩阵相关理论

设 $x = p(t)$ 为自治系统(2-1)的周期为 ω 的周期解,轨道 $O(x) = \{p(t): 0 \leqslant t \leqslant \omega\}$ 。

定义 2.15 若 $\forall \varepsilon > 0, \exists \delta > 0$, 当 $\mathrm{dist}[x(t_0), O(x)] < \delta$ 时, $\mathrm{dist}[x(t), O(x)] < \varepsilon$ 对一切 $t \geqslant t_0$ 都成立,则称自治系统(2-1)的周期解 $p(t)$ 是轨道稳定的。

定义 2.16 若自治系统(2-1)的周期解 $p(t)$ 是轨道稳定的,且 $\lim_{t \to \infty} \mathrm{dist}[x(t), O(x)] = 0$,则称自治系统(2-1)的周期解 $p(t)$ 是轨道渐近稳定的。

定义 2.17 设 A 是 $\mathbf{R}^n$ 上的线性算子,用 $\boldsymbol{A}$ 代表 $\mathbf{R}^n$ 上相应于标准基对应的矩阵, $\wedge^2 \mathbf{R}^n$ 代表 $\mathbf{R}^n$ 的外积,矩阵 $\boldsymbol{A}$ 在 $\wedge^2 \mathbf{R}^n$ 导出规范基的线性算子 $A^{[2]}$,定义为:对 $u_1, u_2 \in \mathbf{R}^n$,

$$\boldsymbol{A}^{[2]}(u_1 \wedge u_2) = \boldsymbol{A}(u_1) \wedge u_2 + u_1 \wedge \boldsymbol{A}(u_2)$$

$\wedge^2\mathbf{R}^n$ 的规范基的矩阵 $\boldsymbol{A}^{[2]}$ 称为第二加性复合矩阵。

下面给出 $\boldsymbol{A}=a_{ij}$ 的复合矩阵 $\boldsymbol{A}^{[2]}$ 的计算方法。

当 $n=2$ 时，$\boldsymbol{A}_{2\times2}^{[2]}=a_{11}+a_{22}$。

当 $n=3$ 时，矩阵 $\boldsymbol{A}=a_{ij}$ 的第二加性复合矩阵为

$$\boldsymbol{A}^{[2]}=\begin{pmatrix} a_{11}+a_{22} & a_{23} & -a_{13} \\ a_{32} & a_{11}+a_{33} & a_{12} \\ -a_{31} & a_{21} & a_{22}+a_{33} \end{pmatrix} \tag{2-7}$$

当 $n=4$ 时，矩阵 $\boldsymbol{A}=a_{ij}$ 的第二加性复合矩阵为

$$\boldsymbol{A}^{[2]}=\begin{pmatrix} a_{11}+a_{22} & a_{23} & a_{24} & -a_{13} & -a_{14} & 0 \\ a_{32} & a_{11}+a_{33} & a_{34} & a_{12} & 0 & -a_{14} \\ a_{42} & a_{43} & a_{11}+a_{44} & 0 & a_{12} & a_{13} \\ -a_{31} & a_{21} & 0 & a_{22}+a_{33} & a_{34} & a_{24} \\ -a_{41} & 0 & a_{21} & a_{43} & a_{22}+a_{44} & a_{23} \\ 0 & -a_{41} & a_{31} & -a_{42} & a_{32} & a_{33}+a_{44} \end{pmatrix} \tag{2-8}$$

定理2.9　设自治系统(2-1)存在周期轨道 $O(x)=\{p(t):0\leqslant t\leqslant\omega\}$，且线性系统

$$z'(t)=\left\{\frac{\partial f^{[2]}}{\partial x}[p(t)]\right\}z(t) \tag{2-9}$$

的零解是渐近稳定的，则自治系统(2-1)的周期解轨道是轨道一致渐近稳定的。其中 $\dfrac{\partial f^{[2]}}{\partial x}$ 是 f 的 Jacobian 矩阵 $\dfrac{\partial f}{\partial x}$ 的第二加性复合矩阵，系统(2-9)称为(2-1)关于 $p(t)$ 的二阶复合系统。

第三节　金融网络中风险传染理论

一、金融风险传染的内涵

金融风险是指在金融活动过程中遭遇到不利结果的可能性或不确定性。根据金融风险涉及的参与主体不同,可以将其分为个人金融风险、企业金融风险和政府金融风险;根据金融风险涉及范围的不同,可以将其分为系统性金融风险和非系统性金融风险;根据金融风险产生原因的不同,又可以将其分为国家风险、信用风险、利率风险、汇率风险等不同的风险形式。按照美国学者克罗凯特的定义,金融体系的风险是指资产价格的不正常活动,或大量的经济和金融机构背负巨额债务及其资产负债结构恶化使其在经济冲击下极为脆弱,并可能严重影响宏观经济的正常运行。根据克罗凯特所提出的定义,在不考虑对外因素的情况下,金融体系的风险主要包括:(1)恶性通货膨胀。它导致货币对内贬值以及国内的货币替代。(2)金融资产价格急剧波动。金融资产包括股票、债券及其他有价证券和不动产等。(3)金融机构大量倒闭或不稳定,资产质量急剧恶化。

最早“传染”一词来源于流行病学,衍生为金融领域的名词是近些年的事情。如何界定金融风险传染,各界学者存在一定分歧。多数学者将其定义为:当一家金融机构或一个地区、一个国家发生金融危机时,其所带来的后果要超过对自身的影响,给其他的金融体系的稳健运行带来威胁,表现在股价、汇率、国际资本流动变化方面。然而,有些学者持不同观点,他们认为并非所有的冲击、影响、蔓延现象都可称为传染性。Masson 认为,应排除共同性冲击、经济基本面关联性和国家异质性冲击等因素的影响后,如果国与国的金融市场存在关联性，才称为传染性，即“净传染”。Forbes 和 Rigobon 的观点与 Masson 类似，他们认为经济基本面只是反映各国之间金融市场的关联程度是否密切，无论金融稳定或金融动荡，这种关联性都存在，只有当冲击后某个国家或地区的跨市场联动性增加，才能称为传染性。

世界银行则对“金融风险传染”提出了一种广义的风险传染，指某机构所在的市场波动影响了其他市场的正常运行；严格意义下的风险传染，金融市场的波动传染到了其他市场，甚至出现跨国传染，打破了国与国之间的基本关联性；非常严格意义下的风险传染指仅在面对危机时，金融市场间彼此关联性的增加。在上述内容中提到的 Forbes 和 Rigobon 的观点较接近世界银行在非常严格意义上的风险传染定义，因此他们给出的定义也被广泛参考和采纳。根据这一定义，价格波动可以通过贸易或金融联系进行传导，因此，人们有时也将此定义下的传染称为基于宏观基本面的传染。尽管这些形式的联动在危机期间表现得更为明显，但它们不仅仅适用于危机期间，还可以反映正常的相互依存关系。这种观点更接近监管部门和大众对金融传染的认知，本书也采用这一传染定义。国内外学者也采用这一定义进行了相关研究，如 Forbes 将传染定义为当一国受到冲击后的跨市场溢出效应，并定义市场间持续存在的高度相关性为相互依赖。

二、金融风险传染的测度方法

金融危机的发生与危机在不同国家之间的传递，使探究国际金融风险传染成为热点，从 20 世纪 90 年代开始，大量的国内外学者对这个问题进行了研究，取得了不少研究成果，这些研究工作为本书的撰写奠定了理论基础。这些研究工作主要包括：一是对传染的定义、分类和测度；二是金融市场联动和风险传染机制的研究现状。如何有效地测度金融风险传染一直是金融风险传染领域内研究的重点，笔者通过对现有的中外文献进行阅读、梳理和总结，发现金融风险传染测度的方法主要有实证分析法、构建人工金融市场的方法等，下面就对相关的金融风险传染测度的方法进行介绍。

（一）实证分析法

1. 概率分析

该方法是最早用于检验金融市场之间是否存在风险传染的方法之一，该方法与“传染是指在另外一个国家发生危机的条件下，会增加某一国家发生危机的概率”这一定义对应。Eichengreen 等人与 Calvo 等人在各自文章中均采用这种方法来检验金融市场风险传染的存在性。

2. 相关系数分析

20 世纪 90 年代，相关系数分析是在检验传染是否存在的研究中最常用的方法。相关系数分析是通过多个金融市场相应变量之间的相关系数来反映金融风险在各市场之间进行传染的可能性。King 和 Wadhwani 研究了股票市场之间波动的传导，他们基于纽约、东京和伦敦在爆发危机前后 8 个月内的每小时股价数据，发现尽管世界各国经济形势大不相同，但几乎所有国家的股市都出现下跌现象，这时市场间的传染起到了至关重要的作用，市场的“错误”可以从这个渠道传递到另外的市场。Lee 等人也在研究中指出：相关系数分析法较为简单直观，但是此法要求金融市场之间存在线性关系，这一问题成为此法的一个较大缺陷。Forbes 和 Rigobon 通过经验得出，1987 年美国股市崩盘期间的股市传染、1994 年墨西哥金融危机和 1997—1998 年亚洲金融危机，这些案例中，基于未调整的相关系数的测试在几个国家发现了传染的证据。这些证据表明，这些时期的市场共同波动是强有力的跨市场联系的延续，也就是说，在这三次危机中，只存在相互依存。后来，一些学者也采用了 Forbes 和 Rigobon 的检验方法，分析金融市场间的风险传染问题。但是，即使采用 Forbes 和 Rigobon 的调整相关系数的方法来检验风险传染的存在性，也会面临内生性与变量遗漏等方面的问题。Tjstheim 和 Hufthammer 提出了局部依赖测度，对金融市场上的金融变量之间的线性和非线性关系进行精确的数学描述克服了上述的线性关系束缚。Steve 等人采用一种新的局部依赖测度方法（Hufthammer 的方法）来研究传染效应，通过高斯分布近似一个任意的双元回归分布，重新审视了 1994 年墨西哥金融危机、1997—1998 年亚洲金融危机和 2007—2009 年全球金融危机，重新找到了传染的证据，并能够描述这些危机的非线性依赖结构。

3. VaR 模型

VaR 模型方法主要是通过构建 VAR 模型对不同国家地区或同一国家的不同金融市场间的相关性进行分析，主要采用格兰杰因果关系检验、脉冲响应分析和方差分解方法。张志波和齐中英基于 VaR 模型分析了 20 世纪 90 年代的亚洲金融危机前后各国金融市场波动性之间的因果关系的变化，以及面对危机传染，被传染国家的冲击响应的变化，以此检验危机的传染效应。Yang 等人研究了全球金融危机时期国际主要金融机构信用风险传染问题，他们在研究中采用融合聚类分析、主成分分析、有向无环图分析和 VaR 模型，通过研究发现，杠杆比率尤其是短期债务比率，是金融机构信贷风险转移中重要的决定因素，而公司治理指数、公司规模、流动性资产则为相对次要因素。Park 等人研究了新兴市场经济体系下的金融风险传染问题及影响因素，主要采用的方法是基于 VaR 模型使用 25 个新型市场的金融压力指数，VaR 模型的优点是能较好地解决内生变量与异方差性等问题，但其缺点是不能对金融市场间的相关性进行动态分析。

4. GARCH 族模型

此类方法主要集中于波动溢出的估计，即资产价格二阶矩的跨市场运动，而不是资产价格的溢出。Hamao 等人采用 GARCH 模型来检验风险传染的存在性，研究了东京、伦敦和纽约股市主要股票指数的每日开盘价和收盘价。King 等人研究了国家股票市场的波动和联系，发现不同股票市场的风险定价和风险价格是不同的，它们的共同变量中只有一小部分可以用“可观测”的经济变量来计算。近年来，国内外众多学者广泛利用 GARCH 模型的扩展模型：方毅和张屹山利用 VaR－GARCH－BEKK 模型比较研究了国内外金融期货市场的风险传染，发现宏观的经济因素不是影响波动的主要原因，国内金融期货价格变动与宏观经济具有非对称性。基于EGARCH模型和日数据，巴曙松和严敏对我国的汇率与股价之间的关系进行了实证研究，发现股价与汇率之间并没有存在长期均衡的关系。基于 GJR - GARCH 模型，Bekiros 研究了 2007 年美国次贷危机对“金砖四国”的风险传染。

5. Copula 函数族

金融市场间的风险传染与金融市场间的相依结构有着密切关系，同相关系数方法相比，此方法能够处理非线性相依，同 GARCH 族模型与 VaR 模型相比，它无须对收益率的运动规律做严格的假设，能够更好地捕捉金融市场间的非线性相依与尾部相依行为，并且也可以描述金融市场间的动态结构变化，进而分析金融市场间的风险传染。近年来，Copula 函数、时变 Copula 函数以及变结构 Copula 函数被用来研究金融风险的传染。王永巧等人利用时变 Copula 函数研究了开放经济下中国内地股市与美国股市、英国股市、日本股市、中国香港股市在 2000—2010 年的风险传染问题，发现在开放竞价条件下，中国内地股市一直与这些全球的主要股市保持着微弱的相依关系。Peng 等人探讨了五种流行的股票指数(标准普尔股价指数、纳斯达克指数、法兰克福指数、伦敦《金融时报》指数和日经指数)与其相应的波动性指数(VIX、VXN、VDAX、VFTSE 和 VXJ)之间的跨市场依赖性。他们提出了一种动态混合 Copula 方法，它能够捕获时变尾部相依系数。研究结果表明，主要国际股票市场存在金融传染和严重的不对称。在某些情况下，虽然根据股票指数的波动无法清楚地发现传染现象，但波动指数之间的依赖性能捕捉到传染现象。波动指数之间的相关性较股市指数更容易受到金融震荡的影响，并能更快地反映瞬时信息。叶五一等人采用时变非参数阿基米德 Copula 模型检验金融危机传染的存在性及其变化趋势，以及用时变尾部相依系数的大小来度量危机传染程度，并结合系数的变化趋势和时间段对金融危机传染效应进行分析。最后选择全球 6 个主要的股票市场和标准普尔股价指数来对危机传染进行研究，最终研究发现美国次贷危机给不同国家带来的传染程度有差别。

6. 事件研究法

通过市场上某一时间发生的事件，观察金融资产的价格波动情况，以此判定当这种金融风险发生后，某一金融市场对后面金融市场的影响程度及风险传染情况。韩艾等人采用这种事件研究法研究了美国次贷危机对中国几类银行的影响，研究发现，中国银行 H 股受的影响较 A 股更大，工商银行的 H 股和 A 股受影响后的反应较为一致。Mink 等人利用 48 家欧洲的银行的数据，并研究希腊的新闻和希腊救助对 2010 年银行股价的影响，发现除了希腊的银行外，有关希腊的消息不会导致异常的回报，而救助的消息却会导致异常的回报，即使对于那些没有像希腊或其他负债累累的欧元区国家的银行也是如此。

（二）构建人工金融市场的方法

近年来，构建人工金融市场的方法逐渐被用于研究金融风险的传染问题。Iori 等人基于随机的银行网络结构，对主体行为进行建模，对意大利银行市场结构为同质和异质两种不同情况下的系统稳定性进行了研究，得到同质的银行市场结构比异质的银行市场结构更具稳定性的结论。Corona 等人构建了通过外汇市场连接的两个国家人工股票市场，并研究发生金融危机时，外汇市场与股票市场间的风险传染关系。Feldman 构建了两个市场的人工金融市场来研究全球投资组合如何影响全球金融危机和金融系统的不稳定性。邬松涛等人构建了包含大盘股与小盘股两种不同类型股票及一个无风险资产的人工市场仿真平台，研究股票市场的风险传染。但是在研究金融风险传染测度时，一般只考虑各个金融市场之间的基本面关联渠道导致的金融风险传染，很难做到对金融风险传染进行全面透彻的研究。

除上述两种方法外，运用复杂网络理论研究金融风险传染已成为当今学术界的热点，此理论已在本章第一节中阐述。需要指出的是，上述分析方法各有优缺点，究竟采用哪一种方法来检验传染的存在性还依赖于风险传染的定义。这些方法可以从某一层面对金融市场间的风险传染进行分析，但很难从金融市场间关联的角度揭示金融市场间的风险传染规律，同时这些方法难以从金融市场中大量的投资者心理因素等角度对金融市场间的风险传染进行剖析。

三、金融脆弱性理论

金融系统是人类历史发展到一定阶段时，由人们在经济活动中逐渐营造出来的一个开放的、复杂的巨系统。从现代经济的视角出发，金融系统是一个非线性的动态系统，它像经济系统运行时一样，具有周期运动的特性；形成这种周期运动的因素来自金融系统内部的“自激振荡”和系统外部的“他激振荡”，根源是金融系统的脆弱性。金融脆弱性的概念产生于20世纪80年代初期，随着金融危机的不断爆发，对金融脆弱性的理论研究和量化分析也越来越多。金融制度学认为金融脆弱性就是金融制度的脆弱性，金融制度自身的特点和缺陷是其脆弱性之源，是内因和外因共同作用的结果。金融脆弱性理论最早是关于货币脆弱性的论述，马克思认为，货币在它产生的时候就已经具有了特定的脆弱性。Keynes 通过对货币职能和特征的分析也说明了货币的脆弱性，他认为货币可以有现时交易之用，也可以作为贮藏财富之用。Fisher 指出，金融脆弱性在很大程度上源于经济基础的恶化，这是从经济周期角度来解释金融脆弱性的问题。目前，经济学理论对金融脆弱性一词的概念理解有狭义和广义之分。狭义的金融脆弱性是指金融业高负债经营的行业特点决定了其更易失败的本性；广义的金融脆弱性是指一种趋于高风险的金融状态，泛指一切融资领域中的风险积聚，包括信贷融资和金融市场融资。从金融制度、结构的角度分析，金融脆弱性是指金融制度结构出现的非均衡导致的风险积聚，金融体系丧失部分或全部功能的金融状态。

国内对金融一词的解释是资金的融通。资金是以货币形式表现或计量的。融通是在信用的基础上进行的，货币与信用的融合产生了金融。从黄达教授给金融一词所下的定义看，金融一词的内涵远比金融业的内涵丰富得多。金融业是专门从事货币信用活动机构的总称，它们大多是高负债经营活动的企业。明斯基和克瑞格研究的是信贷市场上的脆弱性，不同的是前者从企业的角度研究，后者则是从银行的角度研究。信息经济学将信息不对称概括为金融脆弱性之源，适用于信贷市场和金融市场，但其分析思路还是着重于金融机构信贷的角度。而有关金融市场的理论认为，金融市场上的脆弱性主要源于资产价格的波动性及波动的联动效应。

事实上，上述的问题是关于金融脆弱性在金融各行业的表现以及关于是什么引起了金融脆弱性显性化。笔者认为，金融脆弱性来源于金融的基础，即货币和信用。

（一）货币脆弱性

关于货币是什么，最早源于色诺芬、柏拉图和亚里士多德等人的讨论，并一直延续到今天。现代经济学关于货币研究的理论是流派纷呈，但对于货币是什么有一个基本的认同，即应从货币的职能出发，价值尺度和流通手段是货币的基本职能。支付手段和贮藏手段是现代货币的重要职能。维克塞尔认为，就媒介职能而言，货币是中性的；但就货币的贮藏职能而言，货币在承担媒介交换职能的同时，还承担着媒介资本的借贷职能，促进储蓄向投资转换，因而是非中性的。在很大的程度上可以说，现代经济的复杂性主要来自货币的非中性。

在商品经济中，货币的脆弱性表现在三个方面：一是商品的价格经常与价值背离；二是货币的购买力总是处于升降的变化中；三是货币支付手段的职能有可能导致债务链的断裂。货币的这三个方面的表现说明这种脆弱性是货币与生俱来的。针对1877年经济危机中银行大量倒闭的现象，马克思又提出银行体系内在脆弱性假说，认为银行体系加速了私人资本转化为社会资本的进程，为银行信用崩溃创造了条件。这是从信用制度的角度来分析银行的脆弱性。Veblan在《商业周期理论》和《所有者缺位》中提出金融不稳定性，他认为：一方面是证券交易的周期性崩溃在于市场对企业的估价依赖于并逐渐脱离企业的盈利能力；另一方面是资本主义的经济发展最终导致社会资本所有者的缺位，结果其本身存在周期性动荡因素，这些因素主要集中在银行体系中。人们愿意用不生息或生息很少的方式而不用产生利息的方式持有财富，这是因为货币能够用于现货交易，在一定限度内，值得为它所具有的流动性牺牲利息。此外，货币持有者相信以后的利率将高于现在市场的利率，他们愿意保存现金。凯恩斯认为，上述原因会使一部分人保存货币，持币待购或持币不购，这将打破货币收入和货币支出的平衡关系，造成买卖脱节,供求失衡,供给不能自动创造需求,最终导致有效需求不足,工人失业,经济危机便不可避免,金融危机也随之发生。

1. 马克思关于货币脆弱性的论述

马克思认为,货币是在交换发展的历史过程中产生的,是商品内在矛盾发展的结果。货币的出现,不但未能解决商品经济的内在矛盾,反而使原有的矛盾进一步展开了。货币的出现,使得整个商品世界分裂成了两极:一极是商品,它们是各种特殊的使用价值;另一极是货币,它代表交换价值。这样,商品的内在矛盾即使用价值和价值的矛盾就转化为商品和货币的对立。货币出现以后,一切商品都必须转换成货币才能实现自己的价值。如果商品生产者不能把他的商品转换成货币,他的生产将受到严重的影响。供求的作用,使商品的价格与价值时常背离,使货币的购买力出现了升降。同时,货币支付手段的职能进一步加深了商品经济的矛盾。当某些债务人不能按期支付欠款时,某些债权人就有破产的危险。在发达的商品经济中,这种破产有可能引起整个债务关系的连锁反应。马克思的这种分析,清楚地说明了货币在它产生的时候就已经具有了特有的脆弱性,具体表现在以下三个方面:第一,商品的价格与价值背离;第二,货币的购买力是在升降变化中的;第三,货币的支付手段的职能有可能导致债务锁链的断裂。货币的这种脆弱性是货币与生俱来的。

2. 凯恩斯关于货币脆弱性的论述

凯恩斯关于货币的职能和特征的分析较充分地说明了货币的脆弱性。

(1)凯恩斯关于货币职能的论述

凯恩斯在《就业、利息和货币通论》中写道:“货币可以作为现在交易之用,也可以作为贮藏财富之用。”凯恩斯认为,货币有两个职能:一是交换媒介的职能;二是贮藏财富的职能。

(2)凯恩斯认为现代货币具有的特征

第一,货币的生产弹性等于零。纸币的生产和发行都由国家严格控制,对于私人企业来说,货币的生产弹性几乎等于零。第二,货币的替换弹性近似于零,或几乎等于零。所谓货币的替换弹性,是指当货币的交换价值上涨时,人们抛弃货币而用其他东西来替代货币的比率。第三,货币具有周转灵活性且贮藏费用低的特征。货币与其他商品相比有更大的流动性,周转便利,既可以直接用于支付,又可以用于贮藏,还可以灵活用于各种资产的投资等。

(二)金融脆弱性

影响金融脆弱性的因素都会通过一些经济金融变量反映出来,因为金融脆弱性可以根据一系列的经济金融指标来度量。关于指标的选取各国有所不同,但大同小异。国际货币基金组织和世界银行 1999 年 5 月联合启动了一个"金融部门评估规划(FSAP)"项目,其主要用来判别金融体系的脆弱性,其中包括宏观审慎指标,如经济增长、通货膨胀、利率等;综合微观审慎指标,如资本充足性、盈利性指标、资产质量指标等。这是一种理论与实践相结合的宏观金融稳定性评估方法。

金融机构的脆弱性最基本的衡量指标是清偿力,即银行资产与负债之差。由于银行普遍具有"硬负债、软资产"的特点,因此衡量银行的清偿力就变成了对其资产的估价问题,不良资产比率成为衡量金融机构脆弱性的主要指标。商业银行的盈利能力下降,银行频繁要求流动性支持,管理方面的弱点,以及内部和外部控制方面的缺陷也能暗示出金融脆弱性。

(三)金融脆弱性的表现

经济金融运行稳定的时候,金融工具的发行"畅销",金融资产的价格不断攀升,随着利润的不断增加,金融机构处于一个良好的成长期,金融市场随着金融交易的增加处于繁荣时期。但是经济金融运行失去稳定后,就会出现与上述相反的情况。这时,金融脆弱性就开始显现,并表现为金融工具、金融机构、金融市场等的脆弱性。

1. 金融工具的脆弱性

现代金融理论将金融工具划分为三大类:债权凭证、股权凭证和衍生金融工具。前两类是传统的金融工具,而衍生金融工具是20世纪70年代后金融创新的产物,主要指金融期货、金融期权、远期协议、金融互换和混合型金融工具,这五种类型的金融工具是在传统金融工具的基础上派生出来,并且是与普通金融工具密切相关的新型金融工具。同时,它们也都属于信用工具。信用是一个抽象名词,在日常的经济生活中,信用表现在各种金融工具上。信息不对称性大大降低了金融市场的有效性,使金融资产的价格处于波动中,因此,金融资产的定价具有不稳定倾向。这种不稳定倾向极易受到政治、经济和社会等因素变化的影响,因而金融资产的价格常常处于升降的动荡中。这就使金融资产持有人的财富处在“缩水”的过程中,或处在“膨胀”的过程中。当金融资产的价格上升超越了市场稳定的“阈值”时,金融资产的价格就会跌入下降的路径中,此时,金融工具的脆弱性就会凸显,即随着价格的下跌,所有的或是大部分持有人都将卖出这类金融工具,并有可能使它急剧贬值。金融工具的这种脆弱性是货币脆弱性和信用脆弱性的相互作用在金融工具上的反映,也是形成金融脆弱性的一个重要因素。

2. 金融机构的脆弱性

在金融市场中,把储蓄转变为投资的最重要的金融中介机构是商业银行。但信息不完全、不对称的存在,使商业银行的中介作用受到了限制。而更重要的是,在一定的条件下,金融脆弱性在显性化的过程中,超越了临界点(系统稳定的阈值)时,系统就由原稳态进入失稳态。这时,商业银行成为中介机构必须要具备的两个前提条件:一是储户对金融机构的信心;二是金融机构对借款人的筛选、监督是高效率的和低成本的。信用的缺失会形成“挤提”,效率低会使金融机构陷入坏账的困境中。这是形成金融机构脆弱性最主要的原因。金融机构的这种脆弱性是货币脆弱性和信用脆弱性的相互作用在金融机构上的反映,也是形成金融脆弱性的一个重要因素。

金融机构为什么如此脆弱?以银行体系为例,这缘于银行业务的基本特点。在吸收存款方面,银行要面临来自存款客户的不可预测的挤提压力;在支付结算方面,银行极易成为外部危险的牺牲品。除此之外,还有一个不能忽略的方面,即政府的安全保护网。在经济活动中,银行业并不是唯一受激烈竞争和放松管制双重力量驱动而发生变化的行业,其他行业同样要面对这种变化。银行市场竞争失败的结果是:除了某些行业或企业由政府出于某种原因救助外,其破产是不可避免的。

银行业往往是受保护的行业,当危险降临时,特别是降临于这一行业中的"旗舰"时,政府突出地表现出护卫意愿和行为。这里除了担忧大银行的破产会导致政治和社会动荡的原因外,另一个原因是,银行业出现危机将会造成"系统风险"。"系统风险"表现为因一个或多个银行出乎意料的倒闭,而在整个银行体系中所引发的"多米诺骨牌效应"。在经济运行过程中,银行破产的不良反应使得破产成为特别事件。与其他行业不同,一家银行的突然倒闭,可能会引发其他银行的危机,因此,一家典型的以盈利为主的银行在吸收存款的同时还要进行长期贷款,为防止部分存款人的迅速取现要求,银行留存一部分可变现资产。假定突发事件出现,如利率猛增或重要客户破产或股票市场崩溃等,人们普遍怀疑银行资产(主要为银行的贷款)抵偿其负债(主要为储户在银行的储蓄存款)的能力,便会出现争相提款的现象。在这种情况下,银行将被迫抛售其流动性资产以获取现金,这种状况进一步削弱了银行的资金基础和持续发展能力。

一家银行的倒闭使公众怀疑或担忧其他银行的处境,或因倒闭银行的资产出售行为而压低其他银行资产价格。总之,不管具体是何种原因,都会形成银行的系统性不稳定。银行倒闭还可能对经济生活本身产生冲击。当银行努力自救时,通常提前回收未到期贷款并拒绝新贷款要求,从而造成信贷紧缩,影响经济发展。1930—1933 年,美国有约 9 000 家银行倒闭,经济发展呈现前所未有的衰退。小额储户挤提对银行业始终具有威胁,在现实生活中,我们可以体会到。但对银行体系更有危害的、不易察觉的危险来自货币批发市场。这包括了银行同业贷款市场以及支付系统。这些系统使得银行间传递困难或问题的能力远大于企业。

3. 金融市场的脆弱性

货币市场能反映短期资金的供求状况,预示着它比实物经济的运行具有更大的不稳定性。这种不稳定性使证券交易的行情在"牛市"与"熊市"之间不停地变化,这就决定了资本市场是一个比较典型的完全竞争市场,因此,也就具有竞争市场固有的缺陷,例如,无序竞争、欺诈和内幕交易等违法行为，信息不完全、不对称和机会容易失衡的现象。货币市场中资金流动的无序、资本市场的缺陷和虚拟资本运动的特点是货币脆弱性和信用脆弱性的相互作用在金融市场中的反映。

从金融结构的一般性定义而言，金融工具的脆弱性、金融机构的脆弱性和金融市场的脆弱性共同构成了金融脆弱性。但是，从现代金融发展和金融全球化发展的视角出发，构成金融脆弱性还有两个重要的方面：一是全球金融系统已形成一个巨大的倒置金字塔；二是国际货币体系的缺陷（布雷顿森林体系下金融系统的不稳定性和浮动汇率制度下金融系统的不稳定性）。总的来说，这五个方面（金融工具、金融机构、金融市场、金融体系的倒置金字塔和国际货币体系）的脆弱性构成了现代金融结构的脆弱性，这种脆弱性在金融运行的时候难以察觉，只有当大量的微观金融风险集聚成宏观金融风险和金融危机爆发时，上述五个方面的脆弱性才会显示出来，金融脆弱性才由原来的“隐显”转变为凸显。此时，货币脆弱性和信用脆弱性及两者相互作用而形成的金融脆弱性就会变得清晰可见。由此可以得出结论，金融脆弱性是“隐显”于金融结构中的。

（四）金融脆弱性与金融风险

从理论上分析，金融国际化至少可以从五个方面加剧金融脆弱性，从而导致金融风险的产生。

1. 金融国际化加剧了信息的不完全性和不对称性

资本的跨国流动、金融机构的跨国服务、厂商的跨国投资是建立在高度发达的现代通信技术基础上的。现代通信技术已使全球范围内的金融交易可在瞬间完成。当然，在一国内搜寻信息的成本要远远低于在全球范围内搜寻信息的成本，因为一国存在相同的金融法律制度、信息披露制度、会计和资信评估准则，且不存在语言文化背景的障碍。而在金融国际化的情况下，由于政治、法律、经济、统计、文化背景等的差异，资本流出国往往难以了解其资本在接受国的实际使用情况。资本接受国也往往难以了解国外资本的真实意图，无法准确地区分投资资本和投机资本。特别是对于发展中国家而言，其在信息对称性方面居于明显的劣势地位。因为发达国家和大型跨国公司拥有较强的信息搜寻技术，能够承担较高的信息搜寻成本，而发展中国家往往是发达国家信息传播的接收者，发达国家和发展中国家在信息的时效性和真实性方面存在着显著差异。信息的这种国际不对称性，使发展中国家的金融政策频频出错，无法应付以发达国家投机资本为主体的国际短期资本的冲击。

2. 金融国际化延长了支付系统的链条

在货币经济的条件下，整个金融系统实际上是一个联系紧密、环环相扣的链条，链条是由一连串金融机构组成的，链条两端分别连接着储蓄者和投资者。这些金融机构通过资金清算、资金融通、信用担保等一系列金融活动紧密地联系在一起，链条中任何一个环节的断裂都有可能通过传递机制而中断整个链条的运转，从而引起连锁性的风险事故。在各国普遍实施国际化政策后，金融机构的资本来源和运用、资金的清算和信用的评级与担保都成为一种全球性活动，这就意味着原本由国内金融机构组成的链条延伸到国际范围。链条越长，其某一个环节中断的概率也就越大，产生连锁性风险事故的概率也就越大。而发展中国家是整个链条中最薄弱的一个环节，因为一旦出现支付系统的危机，金融机构的规模、资产质量和融资能力是决定其能否渡过难关的关键性因素。在这些方面，发展中国家的金融机构显然难以同发达国家的金融机构相比。因此，在全球性的金融风险中，发展中国家的政府和金融机构往往会成为最大的受害者。

3. 金融国际化削弱了金融机构抵御危机的能力

金融国际化导致金融业在国际范围内出现激烈竞争，也会导致金融机构的利差不断缩小、表外业务不断增加。在市场效率提高、交易成本降低的情况下，大量投机资本对利率、汇率等市场变量的灵敏性大大提高，金融资本价格的易变性加剧。鉴于传统业务的竞争激烈和利润微薄，许多金融机构不得不越来越重视发展高风险业务，以取得较高收益，从而使金融机构放弃稳健原则，增大了风险。金融市场的证券化和“脱媒”趋势，使许多信誉度较高的大公司转向金融市场直接融资，于是银行只好转向信誉度较低、风险较大的中小企业,从而使其资产质量下降,经营风险加大。金融机构大力发展的某些表外业务,如担保、承兑、支持性信用证、保付代理等业务,虽没有在资产负债表中得到反映,但可能转化为真实负债,从而带来更大的风险。

需要特别指出的是,在市场准入限制被完全取消后,发展中国家的金融机构在与发达国家的金融机构竞争中居于不利地位。其原因是显而易见的:一是缺乏足够的规模,指在全球范围内提供服务。桑德斯和沃尔特在1994年进行了一项超规模的实证研究,结果显示,银行的收益随着资产规模的扩张而在一定的区间内达到递增关系,而发展中国家的银行规模还远未达到可以获得最大规模收益的水平。二是缺乏足够的金融创新能力,以满足储蓄者和投资者多层次的金融服务需求。三是缺乏足够的管理能力和政策环境以保证资产的质量,这导致大量不良的沉淀资产削弱了其盈利能力。发达国家金融系统的不良资产率一般为1% ~3%,即使是不良资产率高的国家,其不良资产率也仅为4%左右。而东亚工业化国家的不良资产率一般为7% ~15%,东欧转轨国家的不良资产率为10% ~ 40%。大量沉淀的不良资产无法成为获利资产,必然带来竞争中的不利地位。匈牙利国内银行与国外银行在匈牙利国内金融市场上竞争不利的状况,就是金融机构在竞争中居于不利地位的一个缩影。

4. 金融国际化加剧了金融监管的复杂性

金融监管的目的是抑制金融系统本身的脆弱性和波动性,因此,它对信息的对称性和制度的合理性有较高的要求。面对国内的金融体系,金融监管者可以通过行政、法律等手段维持其与金融机构之间的信息对称性。而金融国际化使市场的参与者国际化、金融规则国际化、资金的运行国际化,这就给监管者获取充分的信息带来了困难,加剧了其监管的复杂性。

5. 金融国际化削弱了国内货币政策的独立性

在开放经济中,任何一个国家或地区的客观经济和金融政策都可以通过价格渠道和资本渠道对其他国家或地区产生影响。金融国际化要求一国或地区完全开放资本账户,实现资本的完全自由流动,这就使一国货币政策的独立性、汇率稳定和资本流动之间产生了复杂的关系。20世纪60年代初,弗莱明和蒙代尔对这三者的关系进行了研究,其结论是:在完全性的资本流动、汇率稳定和货币政策的独立性之间,只有两个目标可以同时实现,这就是所谓的蒙代尔三角。蒙代尔三角的政策含义是:一方面,在固定汇率制度下,一国不能通过利率政策的调整来改变国内总需求。因为利率政策的调整必然导致国内和国外利率之间的不平衡,从而导致资本的流入和流出,使国内利率重新恢复至世界利率的水平。另一方面,在固定汇率制度下,一国资本流入或流出后,中央银行不得不采用增加和减少官方储备的方法来吸收和供应外汇,以维护汇率的稳定,从而可能导致通货膨胀或通货紧缩。

一国经济和金融形势的不稳定,通常都会通过金融渠道迅速传递给所有关联国家。20 世纪以来先后爆发了多次危机,比如亚洲金融危机(1997 年)、俄罗斯金融危机(1998 年)、阿根廷金融危机(2001 年)和美国次贷危机(2007 年)。产生这些危机的直接原因大多是危机所在国过早地开放资本项目或过快地取消利率管制。尤为严重的是,国际金融的“传染效应”使相关国家很难做到独善其身。对外金融自由化绝非是“免费午餐”,而对内金融自由化的不良反应也不容小觑。世界银行专家于 1998 年就对内金融自由化招致金融危机的可能性进行了实证研究。该项研究涵盖了 1980—1995 年全球 53 个国家的利率市场化的实践,结果显示,印度尼西亚、印度、马来西亚、墨西哥和菲律宾等国家以及几乎所有的南美国家都在推行利率市场化一年内发生了银行危机。美国、日本、意大利、瑞典和挪威等国家同样未能独善其身。也就是说,推行利率市场化更容易导致金融危机的发生。要注意的是,对内和对外金融自由化只是导致金融危机的必要条件,但它并不会必然地导致金融危机。

对此,美国经济学家斯蒂格利茨给出两种解释。他认为,政府为存款人提供的担保,不管是显性的还是隐性的都使银行经理承担过少的责任,这样,其投资成功时的收益归自己所有,而投资风险或损失却可以转嫁给政府或公众,这就会刺激他们进行高风险投资。利率市场化使银行面临更大的利率风险,从而加大了银行风险转嫁和扩散后形成整个银行系统性风险的可能性。他还认为,银行危机的另一诱因在于银行“租金”的减少强化了道德损害驱动。这是因为随着利率上限等利率管制手段以及银行业市场准入限制的取消,银行经营的特许权贬值,银行逐步丧失靠政策吃饭的稳定地位。在这种情况下,银行更偏好风险。金融市场自由的运作出了问题,必然给金融自由化本身带来不稳定,这才是造成金融危机的根本原因。

在没有现成规则可供遵循的情况下,国际金融的运行完全奉行实力原则,即全球金融运行的潜规则主要来自发达国家。同时,各国在金融体系的成熟程度、金融调控经验、对金融运作的熟悉程度方面存在巨大的差距,金融自由化的不利因素往往在发展中国家表现得更为充分,影响可能更大。发达的金融体系可通过对冲等手段来抵消或中和国际资本流动对本国经济的冲击,而对于发展中国家就不那么容易做到了。在金融自由化的过程中,发达国家处于主动地位,而发展中国家总是处于被动地位。

可见,金融自由化的风险和收益在不同国家之间的分布是极不均衡的。对于发达国家来说,自由化的收益远远超出风险,这使发达国家成为金融自由化的推动者。对于发展中国家而言,自由化的收益远不能弥补他们所承担的风险以及为应对危机所支付的成本。

四、信息不对称理论

随着博弈论和信息经济学等微观经济学的发展,经济学家对金融市场的微观行为基础有了深刻的理解,对金融机构的脆弱性也有了更深刻的认识。米什金认为,正是因为存在信息不对称所导致的逆向选择和道德风险,以及存款者的"囚徒困境"可能引起的存款市场上的银行挤兑,所以银行等金融机构具有内在的脆弱性。米什金还直接将银行危机与道德风险联系起来,认为银行危机是因为逆向选择和道德风险的信息不对称问题而严重恶化。信息不对称指有关交易的经济信息在交易各方之间分布的不对称。与其说信息不对称是对现实经济交易的一种合理的假设,不如说其是现实存在的,而金融交易中信息不对称的特性更为明显。处于信息劣势的一方缺乏比较详细的信息,一般会根据对相关信息分布概率的了解所形成的预期来指导交易活动。信息经济学理论证明,以信息不对称为主的信息不完全或信息缺陷必然导致市场参与者行为的扭曲,最突出的就是逆向选择(adverse selection)问题和道德风险(moral hazard)问题。金融交易明显的信息不对称增大了危机的可能性，它是金融体系内在不稳定性和各种金融危机的微观基础。美国金融学家米什金认为，金融危机是逆向选择和道德风险问题变得太严重，以至于金融市场不能有效将资源导向那些生产效率最高的投资项目，而导致的金融市场的非线性崩溃。

（一）信息不对称模型

货币出现以后，储蓄和投资成了两个相互分离的行为。因此，在资金盈余者与短缺者之间就难免会产生信息不对称问题。信息不对称是指一方拥有的信息比另一方多。1981 年，斯蒂格利茨和外斯提出了银行危机的信息不对称模型。信息不对称表现为事前的逆向选择和事后的道德风险。他们认为，资金盈余和资金不足部门直接借贷时存在严重的信息不对称，金融中介能在一定程度上降低信息的不对称。当最后贷款人（储蓄者）将其资金集中到以商业银行为代表的金融中介机构手中时，他们事实上委托金融机构作为代理人，对不同的借款人实施差别对待，即根据相对风险大小来对贷款进行定价，这样可以降低借款人的逆向选择风险。相对于零散的储蓄者，金融中介机构处于更有利的地位来监督和影响借款人在借款后的行为，这样也限制了道德风险。但金融中介机构并不能从根本上消除信贷市场上的信息不对称。其在减轻信息不对称危害的同时，自身也受到这一问题的困扰，主要存在两个环节的信息不对称。由于信息不对称，贷款人往往难以对借款人的状况、风险程度进行很好的分辨，只能对所有的借款人都收取相同的利率。贷款人也经常认为，通过收取较高的利率可以将那些偿还概率较低的借款人挤出信贷市场，通过利率可以对借款人进行筛选。由于对所有借款人都收取了相同的利率，最后，真正愿意来借款的恰恰是那些高风险的借款人了，那些低风险的借款人反而被挤出了信贷市场。

1. 逆向选择

信贷市场上的逆向选择就是由信息不对称造成的，资金盈余者或者金融机构恰恰将他们的资金贷放给了那些他们不愿意贷给的风险更高的资金短缺者。就银行体系而言，逆向选择是指在信贷市场中，银行和企业在投资风险方面的信息不对称。高风险的企业愿意支付较高的利率,这使贷款平均风险水平提高,收益降低,呆账增多。米什金分析了贷款人和借款人之间的信息不对称导致的逆向选择问题。借款人往往拥有比银行更多的信息。银行在信贷市场中处于信息劣势地位,很难对众多风险不同的借款人和借款投资项目进行筛选和监督。因此,他们只能根据贷款风险事件发生的概率进行估计,并据此制定与预期风险水平相应的利率。由此,进行高质量投资(即低风险、高回报的投资)的借款人支付的利息比在信息不对称情况下支付的利息更高,而进行低质量投资的借款人则支付更低的利息。这样,那些低风险的投资贷款人因不愿支付高利息而退出借贷市场,而那些高风险的投资借款人却成了银行的贷款户,由此导致高质量的投资被低质量的投资取代,从而引起银行资产组合总体质量的恶化。

2. 道德风险

信息不对称还会引起另一个问题,就是道德风险问题,它是在签订合约之后发生的。信贷市场上的道德风险是指资金短缺者在获得了资金盈余者或者金融机构提供的资金以后,从事投资者不希望的活动。在信贷市场上,借款人在获得了一笔借款后,由于使用的是别人的钱,他们就可能会承担比较高的风险。道德风险则包括借款人对银行的道德风险、银行管理者对其所有者的道德风险(委托代理问题)、银行对存款人和存款保险公司的道德风险等不同层面。

(二)信息不对称与恐慌的银行危机理论

1. 信贷市场信息不对称与银行风险

信贷市场上有众多风险程度不同的借款人,贷款人(银行)处于信息劣势,难以认定借款人投资项目风险的高低(或需要付出高昂的成本)。但贷款人(银行)知道相关信息的分布概率,可以借此判定全部借款人的平均风险程度。他们不能根据个别投资项目风险的高低收取与此风险相应的利息,只能收取根据信息分布概率所形成的与预期风险水平相适应的利息。

拥有高质量（这意味着低风险）投资项目的借款人不愿支付这么高的利息，只有那些拥有高风险投资项目的借款人愿意借款，导致前者退出信贷市场，市场选择了风险较大的借款人。借款人构成的变动引起贷款人预期的变动，于是平均利率上升，进一步使那些投资项目风险较低的借款人退出市场。因此，银行重复博弈产生这样一种结果，即风险越大的投资项目越能获得贷款支持，而风险小而质量高的投资项目却不能获得资金（因为他们愿意支付的利率低于市场利率）。这就是逆向选择问题，它必然引起银行信贷风险的增加。与此相关的是，信息不对称还会引申出一个逆向风险刺激（adverse stimulus）问题，即信贷市场上形成的比较高的利率，会使那些借款人有意识地选择高风险的投资项目，同样会导致银行贷款风险增大。

信贷市场上的信息不对称所产生的逆向选择和道德风险问题严重地影响着市场的正常运转，给银行带来巨大的信用风险。这种风险与借款人的多重均衡紧密相连，投资项目本来就面临不确定性，存在不同结果的可能性，简单的假设认为至少存在“好”和“坏”两种情况。这两种情况也有“好”和“坏”两种均衡。当经济保持一片景气时，借款人幸运地实现“好”的均衡，可以获得高的收益，试图起死回生的借款人也可达到目的。一旦经济陷入停滞或衰退，借款人将不得不面临“坏”的均衡，不仅收益降低，起死回生的努力也纯属徒劳，因而失去偿付能力，银行资产遭受损失。纯粹的欺骗行为则几乎使银行颗粒无收。如果这种损失引起储蓄者的挤提，银行就可能陷入水深火热的危机中。

2. 存款市场上的信息不对称加剧银行恐慌

存款市场上的信息不对称可以产生更为严重的道德风险问题。这表现在两个方面：一是银行为增加收益把资金投入高风险的项目，甚至直接从事投机活动，从而增加了存款人受损害的可能性。在信贷膨胀时期，各银行争相放贷，而最易使银行陷入困境的正是那些在经济景气时收益丰厚而一旦经济形势逆转就出现严重困难的投资项目。二是由于银行的倒闭破产的巨大外部性，政府一般会承担最后贷款人的角色，向陷于困境的银行提供紧急援助等。同时，为了减轻银行恐慌的严重性，政府通常向储蓄者提供存款保险。这些支持和存款保险激励了银行和存户承担更多的风险，这种针对政府的机会主义行为又被称为道德公害。以上两种道德风险都严重危害银行体系的稳定性,存款市场因不对称而引起的更严重的问题是银行恐慌,它直接导致危机的爆发。

美国学者卡罗米利斯论证了存款市场中的信息不对称导致银行恐慌的必然性。他认为,银行创造了不能在市场上交易转换的银行存款,众多储蓄者之所以愿意把钱转化为银行存款,是因为相信这笔钱可以很安全地获得增值。如果银行因经营失败而资不抵债,被迫破产倒闭,则储蓄者将遭受损失,储蓄者当然应关注银行的经营状况。由于不存在转让银行存款的市场,从而难以对银行存款进行市场定值,不能直观地看出存款的保值增值程度。而搜集相关信息的高成本和他人“搭便车”的可能性减弱了个别储蓄者搜集信息和监督银行的积极性。显然,银行与储蓄者之间对银行经营管理和资产组合状况信息的了解存在不对称性,储蓄者处于劣势。经营状况不良的银行有隐瞒真实情况以维持运营的倾向,这正是储蓄者所担心的。如果出现一些事件使储蓄者怀疑银行经营状况的稳定性,他们对银行的信任被削弱,这种情况可能触发银行恐慌。恐慌实际上是储蓄者在信息不对称的情况下对银行的一种监督方式,因为只有经营状况良好的银行才能够经受住恐慌的打击,而经营状况特别差的银行则会被淘汰。虽然它产生了恶劣后果,但不能说储蓄者的恐慌是非理性的。不知情的储蓄者做出挤提的决定,引起贷款的减少和存款的收缩,流动性减少,利率上升,强化了借贷市场上的逆向选择问题和道德风险问题。

第四节　金融稳定性理论

金融传染的出现为国家维护自身金融系统的稳定性提出了新的挑战,也对微观金融主体的决策产生了深刻的影响。首先,随着金融一体化程度的不断加深，国家之间的高度相关性使得危机快速传播，这为金融监管带来了新的挑战；其次，国际投资组合所能提供的风险分散能力也逐渐被减弱。因此，系统地研究金融市场的传染机制有深远的意义，这不仅有利于揭示金融危机的传染机制，还有利于金融监管和金融稳定政策的制定与实施，同时还可以增进微观金融主体在新的国际环境下的决策能力。

系统科学理论认为，稳定性问题是动态系统理论的首要问题。而金融系统整体的失衡会给金融环境造成巨大的破坏，其能否避免这种失衡所造成的破坏呢？一般来说，系统存在一种反馈机制，在金融活动中，可以充分运用信息的负反馈机制，使正、负反馈相辅相成地起作用，在避免金融危机的同时，使金融系统的稳定性和发展性具有合乎经济系统目的性的统一。金融系统是一个复杂的、开放的巨系统，且是一个耗散结构。从系统演化的角度来看，金融系统的稳定性有三个特征：一是在平衡态中没有涨落的发生；二是在接近平衡态的线性非平衡区，涨落的发生只会使系统状态发生暂时的偏离，而这种偏离状态会不断衰减直到消失，最后回到原有的稳定状态（原有的稳定态）；三是在远离平衡态的非线性区域，系统处于一种动态的平衡中，此时系统的一个微扰就会通过相干作用得到放大，并有可能成为一个整体的、宏观的“巨涨落”，使系统进入不稳定态，从而跃迁到一个新的、稳定的有序状态。

一、金融稳定的定义

亚洲金融危机时，金融稳定问题已经成为各国政府和公众最关心的问题之一，它既不同于传统国际关系上的国家安全，也不同于一般的国家经济稳定的问题。这一问题对一个国家的开放发展的战略选择具有越来越重要的影响，同时，也对国家安全和社会稳定有了越来越重要的影响。传染（contagion）是指危机从一个国家（地区）传播至其他国家（地区），并已成为金融危机爆发后的一个重要特征。一些研究成果表明：从以往的金融危机来看，金融危机在不同国家间传递与否与这些国家基本面的紧密程度之间的联系并没有人们想象的那么大，尽管一些经济体的贸易和资本流动之间的联系非常薄弱，但其中一个经济体的危机还是能触发对其他国家的猛烈冲击,这让一些学者对解决危机传染之谜的兴趣激增。特别是相对于脆弱的新兴市场而言,这有着非常重要的意义,因为新兴市场急需稳定的环境来发展、壮大。而了解传染的相关特征,就可以采取措施减少金融危机传染,维护本国金融体系的稳定性。

金融是其他经济因素传递的重要渠道,更是核心因素,因此,金融是影响国家经济安全最重要的方面。这主要是由以下三个方面决定的:第一,金融在现代市场中处于命脉地位,由金融系统产生的问题可能迅速成为整体经济的问题;第二,金融全球化的发展使世界局部性的金融问题很有可能以较快的速度转化为全球性的金融问题;第三,各个影响因素在实际影响整体经济的过程中,一般都需要借助金融渠道,在这个过程中,如果金融活动本身受到伤害,就会威胁国家经济安全和社会稳定。金融危机不断爆发的事实表明,金融并不总能促进经济增长。金融促进经济增长的前提是金融系统必须是稳定的。如果金融系统不稳定,金融非但不能促进经济增长,还会造成经济危机。

(一)金融稳定问题的提出

1997 年爆发的亚洲金融危机使东南亚国家像多米诺骨牌一样一个又一个地倒下,后又蔓延到韩国和日本等亚洲其他国家。与此同时,俄罗斯的金融局势也岌岌可危,巴西也拉响了警报,美国与欧洲的股市也随着金融危机的深化大起大落。这说明金融全球化已使金融风险成为世界共同的风险,而且随着金融投机行为的增加,这种风险也越来越大。

从国际经济金融发展的视角来看, 20 世纪 90 年代以来,金融全球化进程加快,给各国金融系统带来了巨大的挑战和风险,促使各国政府及国际机构高度重视维护金融系统的整体稳定。艾兴格林和博德研究发现,随机找出一个国家,现在发生金融危机的概率比 1973 年增加了 1 倍。英格兰银行的一项研究发现,金融危机造成的 GDP 损失平均为 8%,新兴市场国家则更高。1999 年国际清算银行成立了“金融稳定论坛”,世界银行和国际货币基金组织联合开展了“金融部门评估规划”,对一个国家金融稳定的情况进行判断和评估。近年来,部分发达国家出现了中央银行货币政策职能和金融监管职能分离的情况,公众越发关注中央银行在维护金融系统稳定中的重要地位和作用。一些西方经济学家提出了相关理论来划分金融业的宏观稳定、监管和微观审慎监管的不同目标函数和实施机制,启发人们对防范金融风险进行深入思考。

(二)金融稳定的定义研究

定义金融稳定首先应明确的是金融系统的职能,金融系统的职能包括以下三个方面:一是提高经济效率,包括资源配置、财富积累、经济增长和社会繁荣;二是评估、定价、分配和管理金融风险;三是通过自我纠偏,抗击内部和外部冲击造成的不平衡,确保金融系统正常履行职能。因此,金融稳定的定义是:只要金融体系能够抗击内生或由外部未预料的冲击造成的不平衡,继续履行提高实际经济运行效率的职能,金融系统就处于一系列不同层次的稳定状态中。这一定义包含以下要点:

首先,"一系列"意味着金融稳定不是一个时间点上的静态概念,而是包含了不同稳定水平的动态概念。金融稳定的概念不同于一般意义上的"均衡"的概念,一般的经济均衡点只有一个,并且是固定的。经济受到冲击而失衡后,一定会沿着一定的路径回到均衡点。金融稳定是由一些能够充分代表金融职能履行情况的指标来表示的,包括反映储蓄、投资、借款、贷款、资产价格、财富积累和经济增长等情况的众多指标。只要金融系统还能正常履行其职能,金融稳定就处在一定的边界之内。只有金融系统不能履行其职能,才意味着金融失去稳定,需要采取措施解决危机。其次,"提高实际经济运行效率"意味着金融稳定有许多现实意义,但这里强调的是对其实际经济的促进作用,即有效配置资源、便利储蓄和投资、促进财富积累和经济增长的作用。最后,"抗击内生或由外部未预料的冲击造成的不平衡"意味着金融稳定可能与一定程度的不平衡共存,也就是说,金融稳定应该是一个动态的向均衡渐进的过程。

国际组织、国外中央银行和学者对金融稳定的定义如下:

国际货币基金组织自 2002 年第一季度以来定期出版《全球金融稳定报告》。该报告集中关注世界金融市场的"系统性、结构性缺陷",以及风险在金融机构和国家间的传递渠道,因而其结构调整意义高于风险管理意义,对各国政府的结构性改革建议高于对投资者的风险警示。国际货币基金组织的学者对金融稳定的定义是比较宏观的、抽象的,这可能是由国际货币基金组织的性质决定的。

下面我们再看一些国际组织和外国中央银行的学者给金融稳定下的定义:

国际清算银行的 Andrew Crockett 认为,金融稳定就是不存在金融不稳定。金融不稳定是指实际经济部门受到来自金融体系的负面影响,如金融资产价格的急剧波动或金融机构的倒闭产生的负面影响。此定义强调了金融不稳定的以下四个特点:第一,对实体经济部门产生的影响;第二,潜在的危害比实际表现出的危害严重;第三,金融不稳定既可能产生于银行系统,又可能产生于非银行金融机构、金融市场或其他金融机构;第四,银行并不是唯一需要密切关注的对象,任何机构,不论其是否直接处于支付清算体系中,只要与支付清算体系中的机构关系密切,一旦其发生支付困难,将危及整个支付体系,它就应该成为密切关注的对象。

加拿大银行的 John Chant 等人认为,金融不稳定是指金融市场上的一种状态,金融市场的正常运作受到干扰,实际经济部门的增长因此受到威胁或将要受到威胁。金融不稳定影响实际经济部门的主要途径有两个:一是作用于家庭、企业和政府等非金融机构,导致其财务状况恶化,失去继续融资的能力;二是作用于某些金融机构或某个金融市场,导致其失去继续为企业和个人提供融资的能力。引发金融不稳定的冲击有很多,且时间、地点、冲击起源的部门及金融体系不同,冲击的结果也不同。非洲某国政府的债券到期偿付困难,一家国外小型外汇兑换银行的倒闭,南美一家大银行计算机系统的瘫痪或美国中西部一家小型银行的借贷行为,这些都有可能成为引发金融不稳定的导火索。

德意志银行的学者认为,金融稳定是指一种稳定的状态,在此状态下,金融体系能够良好地履行其配置资源、分散风险、便利支付清算等经济职能。即使实际经济部门受到外部冲击发生紧缩或较大规模的结构调整,稳定的金融体系应不为所动,继续正常运行。欧洲中央银行的 Wim Duisenberg 认为,货币稳定是指一般价格水平的稳定,既不存在通货膨胀,也不存在通货紧缩。定义金融稳定却没这样简单,目前也没有公认的统一定义。但大家的共识是:在金融稳定的状态下,金融体系的各个组成部分能自如地履行其经济职能。瑞典银行是世界上第一家设置金融稳定的部门,也是1998年率先出版《金融稳定报告》的中央银行,其把金融稳定直接定义为"支付体系的安全与高效运转"。其支付体系涵盖了全部金融市场、各类金融机构、所有支付工具及其技术与管理支持系统。在其金融稳定的框架内,金融稳定的传导机制为:宏观经济运行—银行的借款人(包括实体经济和金融部门)—银行体系—支付体系,其中任何一个环节的问题(甚至包括某个银行电脑系统故障)都可能导致支付体系瘫痪。

美联储 Roger Ferguson 认为,定义金融不稳定似乎比定义金融稳定更有意义,金融不稳定有以下三个特征:第一,一些重要的金融资产价格严重偏离实际;第二,金融市场的正常运行及可贷资金量受到严重影响;第三,总需求明显偏离均衡水平,远高于或低于一个经济体的潜在总供给水平。

哥伦比亚大学的米什金教授认为,金融不稳定源于信息对金融体系的冲击,受到冲击的金融体系不能再正常履行其配置资金的能力,资金不能投入到最有生产效率的投资项目。

挪威银行指出,金融稳定指金融体系能够受实际经济部门的干扰,能够履行中介资金交易、开展支付清算、分散风险等职能。问题随之而来,什么是金融体系?金融体系包括金融中介机构、正式和非正式金融市场、支付清算体系、技术支持平台、金融法律法规和金融监管机构。欧洲中央银行虽然基本沿用瑞典银行的方法论,但其更关注欧盟内部银行体系的危机传染,因为金融监管是欧盟各成员国的主权范围,而跨国风险识别与管理才是欧洲中央银行的主要职能。

美国国家经济研究局(NBER)的 Anna Schwartz 认为,金融危机源于人们对得不到支付手段的恐惧,在实行准备金制度的条件下,表现为对银行的挤兑和对高能货币的争夺。金融危机的两个突出特点是:①突发性,公众可能因种种原因突然挤兑银行;②短期性,随着公众对恐慌性通货的需求的下降,危机结束。

荷兰银行指出,一个稳定的金融体系应该能够良好地配置资源,抵御冲击,防止冲击对金融部门和实际经济部门产生不良影响。另外,金融体系本身不能成为冲击的发源地。Andrew Large 认为,金融稳定的广义概念就是对金融体系有信心。对金融稳定的冲击有各种类型,金融危机极易蔓延,且使公众对金融机构的流动性和履行合约的能力产生怀疑的金融不稳定的重要表现是价格的急剧波动。但如何采取措施避免这样的情况发生,可供借鉴的经验很少。

(三)定义金融稳定的五个原则

根据上述国际组织、外国央行和学者对金融稳定的定义表述,国际货币基金组织国际资本市场部的经济学家 Schinasi 在他的《金融稳定的定义》的研究报告中,提出了定义金融稳定的五个原则,并从金融系统职能的角度定义了金融稳定。

第一,金融稳定是一个含义广泛的概念,与金融体系的各个组成部分都有关系,涉及金融基础设施(包括金融管理和监督的法律体系与组织架构)、金融机构和金融市场。不仅私人部门需要借助金融体系,政府部门同样需要通过金融体系借款分散风险,通过公开市场操作执行货币政策以保持币值稳定。另外,政府部门一般还负责提供支付清算系统。金融体系的参与者遍及经济的各个角落,且通过金融体系紧密联系在一起。一旦其中一个部分出现动荡,将迅速危及整个金融体系的稳定。因此,定义金融稳定需要一个系统的观点。不论金融稳定还是不稳定,都是私人部门和政府部门相互作用的结果。

第二,金融稳定与币值稳定密不可分。金融稳定不仅要求金融体系能够履行调动储蓄、分散风险、配置资源、便于财富积累、促进经济增长和经济发展的职能,而且还要求整个经济体系中的支付清算系统能良好运行。这些的前提是,法定货币及其派生物能够履行支付手段、记账单位、(短期)储藏手段等职能,即币值要稳定。

第三,金融稳定不仅要求不发生大的金融危机,同时要求金融体系自身能够抵御并消化一定的不平衡。金融体系中的一定范围存在不平衡,关键是金融体系要能自行纠正不平衡,不使其累计、扩大而危及整个体系和实际经济增长。一个运行良好的金融体系,应该通过自我纠偏、市场自律重新恢复市场均衡，阻止问题扩大为系统性风险。这里，需要权衡的是政府是否干预的问题，是等待并允许市场自行发挥作用以解决潜在的问题，还是及时果断采取干预措施纠正市场偏差？政府部门面临事前“预防”和事后“治疗”的两难选择。

第四，评判金融稳定应该以其对实际经济的影响大小为标准。如果一个市场价格的波动或金融机构的倒闭并不对实际经济增长造成损害，就不应视其为危及金融稳定。事实上，金融机构的倒闭、资产价格的上扬、市场的动荡均可能是自由竞争的表现，可能是经济体系在自我纠偏、自行约束的表现。

第五，金融稳定是一个连续的、动态的概念，不是一个离散的、静态的概念。金融稳定是一个动态、多级的概念，就像人的健康状况。当人得了重病，可能通过与疾病做斗争重新恢复健康。对金融体系而言，金融稳定并不需要每一个金融机构在任何时候都保持最优状态。

从上述几方面来看，有的是从全球或区域的角度给金融稳定下定义，有的是从一个国家或一个经济体的角度给金融稳定下定义，而有的则是从金融运行的机制和金融结构的角度给金融稳定下定义。这些关于金融稳定的定义已经多角度地对金融稳定的性质进行了表述，而从我们所研究的问题来看，则是要从系统（系统科学研究的对象）的层面讨论金融稳定的定义。需要指出的是，“金融稳定”一词，目前在我国的理论界和业界尚无严格的定义。其他国家的学者对此也无统一、准确的理解和概括，而学者和专家更多是从“金融不稳定”“金融脆弱”等方面来展开对金融稳定及其重要性的分析。

二、金融服务市场结构与金融稳定

不同的金融服务市场结构有不同的经济效率，经济效率高的市场结构，对应的银行机构本身的利润水平较低，这些银行的稳定必然会出现问题，进而影响整个银行体系的稳定。而经济效率低的金融服务市场结构、银行能够获得较高的利润，有利于单个银行稳定性的提升，客观上有利于银行业的稳定；但从宏观角度判断，经济效率低，不能有效动员储蓄和转化储蓄资源，金融服务质量较差,对社会经济发展贡献小,甚至可能抑制经济增长。如果宏观经济状况不佳,对银行等金融机构的长期稳定是不利的,长期影响银行业的稳定和金融稳定。金融服务业包含银行业、证券业和保险业,基本上是一种社会共识。我们认为,从金融发展的现状与趋势分析,这种划分还是比较合理的,但从金融稳定的角度分析,金融服务业主要是指银行业。因为保险业本身的功能就是保障社会经济稳定,社会经济的稳定是金融稳定的基础,比如存款保险制度能够有效防范金融危机,消费贷款保险有助于银行稳定,商业保险对投保人的保障,分担损失也是金融稳定的重要条件,再保险为保险机构的稳定提供了重要支持。而证券业与资本市场又存在明显的交叉,市场的稳定与否直接影响证券机构的稳定程度。因此,金融服务业的稳定应主要是银行和资本市场的稳定,银行业作为金融中介的最主要部分,包括商业银行、合作金融、金融租赁、信托投资、财务管理、专业金融服务公司或协会等,这是广义上的银行业。

(一)完全竞争的金融服务市场结构与金融稳定

从竞争与效率的关系角度评判,充分竞争的市场效率是比较高的,垄断利润的消除有助于社会整体福利水平的提高。但是,过度的竞争可能导致金融的不稳定。过度竞争的表现就是过度银行化,如信贷快速增长并大大超过经济增长的速度,金融服务业的净利差不断缩小,甚至为零或负值。利润水平的下降造成银行抵御风险能力的弱化,驱使银行在高风险领域开展融资业务,加大潜在风险。经济体系中某一链条断裂,银行危机爆发,很有可能演化为深度的金融危机。

充分竞争的市场对银行的压力是比较大的,为了确保市场份额和稳定客户,银行往往会做出一些不审慎的信贷决策和安排,为资产管理埋下隐患。这也是米什金在金融不稳定假说(financial instability hypothesis)中,对金融危机进行的“竞争压力解释(rivalrous pressure argument)”。拉美国家金融服务市场结构稳定性下降正是这种原因。

（二）垄断竞争的金融服务市场结构与金融稳定

垄断竞争的金融服务市场由多家处于垄断地位的大银行和一些处于非垄断地位的中小银行组成，这样的市场结构相对比较稳定。处于垄断地位的银行无论在资产业务方面还是在负债业务方面，市场份额都是比较大的。处于垄断地位可以使这些银行获得较高的利润，因此它们抵抗风险的能力较强。大银行的机构网络优势和国际化水平决定了其客户群通常是实力很强的大型企业和跨国企业，银企合作充分，信息基本对称，微观机制比较稳定。尽管中小银行的市场份额不大，但有相对独立的服务领域和服务地域，通常是大银行无暇顾及或不愿开展业务的领域和地区，中小银行对大银行有一定的竞争压力，但是不大；大银行对中小银行有一定的威慑力，但是不强。竞争压力和威慑力的存在使银行能够积极提高管理水平，加强风险管理和控制，有助于金融服务市场的稳定。由于垄断型大银行之间一般会通过行业工会等组织对彼此的竞争关系加以协调，中小银行市场较小，竞争并不激烈，因而，在垄断竞争的金融服务市场上基本不会出现过度竞争现象，银行发放贷款是非常审慎的，信用风险控制得力，市场稳定。

（三）寡头垄断的金融服务市场结构与金融稳定

寡头垄断的金融服务市场上银行数量较少，只有几家大银行控制整个金融服务市场。寡头银行之间的竞争并不明显。由于存在垄断利润，所以寡头银行的财务状况是比较好的，信用风险控制也比较容易，寡头银行之间可以针对客户的信贷情况相互沟通。寡头垄断的金融服务市场，不稳定的因素主要来自宏观层面，宏观经济状况影响企业等经济活动主体的收益水平，进而影响贷款的偿还能力，给银行资产质量带来很大的不确定性。在经济发展正常的情况下，寡头垄断的金融服务市场是稳定的。

（四）完全垄断的金融服务市场结构与金融稳定

完全垄断的金融服务市场上一般只有一家金融机构或银行，这家银行通常是国家所有的或国家控制的。国有资本的存在相当于给予了一种无限期信用,资金的供给者对资金的安全是有足够充分的信息的。这样,完全垄断的银行就有了足够的流动性,其资产质量即使出现问题,也绝对不会发生挤兑现象。从短期来看,完全垄断的金融服务市场是稳定的,也有利于整个金融部门的稳定。但是,由于完全垄断的金融服务市场的质量存在一定的问题,对金融资源配置也不合理,所以这种局面常常得不到改变,影响经济效率和社会服务的提高。从长期来看,完全垄断不利于经济和金融的协调发展,影响金融部门的稳定。银行稳定的金融服务市场必然是稳定的。

三、金融部门结构与金融稳定

银行业与资本市场相互渗透、相互竞争有助于提高金融效率和金融服务水平,金融效率的提高对经济发展有利。经济稳定增长、社会发展进步为金融稳定创造良好的宏观条件,企业效益提升则有助于金融稳定的微观机制形成。从结构稳定性角度分析,过度发展一种融资服务模式,整个金融业的稳定难以保障。如果银行本身主要依赖资本市场融资,那么金融业很难实现稳定。在经济低迷时期,银行信贷质量恶化,提高抗风险能力的途径是补充资本金,依靠资本市场补充资本金在这种时候是不现实的。银行与资本市场之间的融合还存在一种风险的放大机制。一般来说,资本市场的稳定性差一些,对整体经济的影响也比较大,因为资本市场是一个整体,银行服务市场则是相对分散的个体,在信息传递方面,资本市场的优势明显。资本市场对国民经济更为敏感,经济中的个别行业问题可能引起资本市场的连锁反应,引起市场震荡。资本市场的风险或显化后的风险,将给银行业带来冲击,只要是资本市场部分资金来自银行部门的信贷,资本市场危机就可能转化为银行危机,整个金融部门的危机就会被成倍放大。有学者预言,现代银行业将最终被资本市场取代,金融部门将成为一元主体结构。这样金融部门将有可能更加不稳定。资本市场的虚拟化程度大大高于银行业的虚拟化程度,资本市场具有先天的不稳定性。单纯的银行业和单纯的资本市场所形成的金融结构如果反映了经济与社会发展的两个不同阶段,即低级和高级形态,那么这种一元结构的稳定性是不强的,但不存在风险和危机的放大机制;而处于中间阶段的银行与资本市场并存的复合金融结构,整体上具有一定的稳定性,但存在风险和危机的放大机制。无论是银行业,还是资本市场,都应该完善自身的运作机制,提升金融效率,控制风险的传染,形成内拉与外控相结合的形式。

四、金融服务准入与金融稳定

(一)金融服务准入自由化与金融稳定

主张金融自由化的西方发展经济学家认为,自由放任的银行制度是有利于提高资源配置效率的,对金融稳定的影响不大。Kevin 认为,自由银行制度应该是有效率的,而且不受管制的自由银行体系是稳定的。他的命题假定:银行经理人知道他们的长期生存发展取决于储蓄者对他们的信心,他们发放贷款时会很谨慎,自觉接受外部监督和公开审计,保留足够的资本来缓冲贷款损失。银行间的自由竞争会使银行不断提高自有资本,以满足储蓄者的要求,自由银行制度的破产概率很低。即使一家银行破产,也不会引起公众的挤提,不会威胁整个银行体系的稳定与安全,不会产生多米诺骨牌效应。自由竞争形成的自然垄断是有效率的,而政府管制和限制银行自由进入所形成的银行垄断或卡特尔是缺乏效率的。Benston 与 Kaufman 认为,自由银行的竞争是理性的,而不是破坏性的。政府管制增加了银行破产的风险,降低了公众的银行货币的价值,受管制的金融体系还不如自由放任的银行体系稳定。因为政府管制加大了银行经营的道德风险,政府建立的存款保险制度使储蓄者没有监督银行的紧迫性,银行经理人也不担心公众的信心。这样,银行的理性反应就变成了减少资本,为争夺市场去冒险经营,一旦出现问题,损失也会转嫁给保险公司。道德风险在管制的金融体系中是不可避免的,金融体系存在潜在的风险。

(二)金融服务准入管制与金融稳定

主张政府管制的经济学家认为,由于银行信贷市场存在严重的信息不对称性和外部性,银行管制是必要的和合理的,也是有效的。比如,Charles等人认为,自由放任的银行竞争具有很强的破坏性,因为偏好风险的银行经理人可能会从事高风险的贷款业务,谨慎的银行经理人为保持市场份额可能会跟进风险资产业务,竞争导致银行高风险资产的扩张,有可能造成银行体系的崩溃。由于银行经营有较强的外部性,政府对银行业的监管是必要的。Sheila认为,货币稳定性是银行稳定性的先决条件,政府对银行的管制能够降低银行货币的不确定性。自由银行制度导致过度的周期波动,尤其是银行货币的过度扩张造成严重的不稳定性,银行体系一旦发生危机,就会迅速波及其他资产,影响其他资产的安全,需要政府管制来降低这种外部性。斯蒂格利茨认为,自由银行制度下的自由竞争使银行特许权价值消失,银行的谨慎动机下降,道德风险和逆向选择的可能性增加,不利于银行体系的稳定。因此,银行监管者必须承担确保银行安全和稳定的责任。市场准入政策对金融服务市场准入管制和自由化及对金融稳定的影响存在截然不同的两种观点,但是一个可以确定的结论是:金融服务市场的公共性和外部性较强,完全自由竞争不符合该行业的基本规律。从近现代银行业的发展和中央银行产生的历史过程中可以发现,自由放任的银行制度总是伴随周期性银行危机和经济危机,金融不稳定对经济发展和社会稳定的负面影响非常大。

(三)中国金融服务市场准入程度与金融稳定

目前,中国金融服务市场准入依然有较高的门槛,进入各金融服务业的条件比较严格,1993年开始逐步形成了分业经营和分业监管的金融服务体制格局,混业经营尚没有明确的法律依据,金融服务业对外开放还处于循序渐进的推进阶段。在金融服务贸易自由化的背景下,金融服务业准入门槛势必要降低,混业经营格局将会形成,金融服务市场的竞争更激烈。

金融服务业的准入政策的核心目标是要处理好提升金融体系效率和金融不稳定的关系。我们认为,金融服务业的自由竞争和过度竞争所产生的负外部性远远超过了效率的提升,这种负外部性集中表现为金融部门的不稳定性。过度的金融自由化还会造成资本跨境流动的不稳定,对资本账户的自由化存在一定的制约性。尽管已经实现金融自由化的国家在金融服务领域开放和资本账户自由化的顺序安排方面存在截然相反的两种模式,但是对于中国的实际状况而言,金融服务业的开放与资本账户自由化进程应相互协调,交叉进行,而不能依次地完全自由化。中国金融服务市场和资本市场自身的发展存在明显的脆弱性,交叉开放两大金融领域可以防止某一领域风险的过度积聚和外部投机的预期。目前,金融服务市场不应该是降低准入门槛和放宽进入条件的时候,而应该是规范和严格准入条件,统一进入标准的时候。以稳健性为导向的准入监管是金融监管的重心,是统一内外资金融机构监管标准和应对全面金融开放的关键。

五、资本流动与金融稳定

(一)国内外金融市场关联性加强

现代国际金融发展的宏观经济环境中,国际金融的发展一方面受国际贸易和金融过程自身发展变化与创新的推动,另一方面,从根本的角度讲,金融过程的变化最终还是源于经济过程,特别是一国经济过程与国别经济政策的变化。我们在此讲的国别因素既有各国经济发展中政策和过程的含义,同时更主要的是与国际金融相对应的国别金融,以及影响国别金融发展和变化的国别经济发展与国别经济政策因素。我们应该指出,国际金融过程与国内金融过程在某些时候会明显产生相互作用。

资本在国内外市场的流动可以形象地比喻为水在两个连通容器间的流动。当资本市场完全开放时,两个市场的收益率相等,相当于两个容器的水平面高度相同。资本管制的存在减小了两个市场间资本的流量,这样等于两个容器内的水流量减小或流速降低,使得在一定时期内两个市场的收益率存在差异,但只要资本可流动,便具有趋同的倾向。国际金融是由世界各国的金融活动组成的,因此,在国际金融活动与各国国内金融活动之间有着密切的联系。

一些国家和地区的经验教训表明,一个良好的发展中国家的金融体系一方面应该能最大限度地动员国内外储蓄的数量,并把这些储蓄转化成投资;另一方面也能保证投资的质量,从而在促进投资增加和保证投资质量之间取得平衡。如果投资质量高而投资数量不够多,会影响经济增长的速度;如果投资数量多而投资的质量不高,经济增长将难以持续。而维持金融体系的稳定不仅是保证投资的数量和质量的需要,也是在金融市场全球化新形势下分享资本流入的利益的需要,以及增强抵御其他国家危机“传染”的需要。一些国家因国内金融体系不稳定引发大量资本突然外流,带来灾难性后果的事实表明,在金融市场已经全球化的情况下,维持金融体系的稳定比以前更难,也更重要。但发展中国家面临许多新的挑战,主要表现是:

第一,国内金融机构面临的竞争压力增大。与金融市场全球化相伴,大量外资金融机构进入国内金融市场,国内居民及企业与国外金融机构往来的障碍被消除,使得国内金融机构在动员、分配国内储蓄方面,不再是占垄断地位的中介组织。如果本国金融机构在安全性、服务质量及成本方面没有保障,那么其将难以在外资金融机构的竞争压力下生存。而实际情况是,发达国家的金融机构在组织管理、风险控制及信用上的优势,常常是发展中国家的金融机构难以匹敌的。在引进国外金融机构的竞争之前,先在国内金融机构之间创造公平竞争的环境,有助于提高国内金融机构的国际竞争力。

第二,保证通过金融体系流入的外资得到有效利用。虽然在发展中国家,存在像印度尼西亚发生金融危机前那样大部分外债直接由非金融企业借用的情况;但从总体上看,目前私人部门的外债主要是通过其金融体系而得以利用和分配的。如果这部分外债使用效率低,或者其偿还遇到障碍,那么国内金融体系的稳定也将受到威胁。韩国和泰国发生金融危机前都存在这样的问题。韩国金融机构所借大量外债,贷给了投资效率低的大财阀,而财阀的破产和经营困难使与之关系密切的金融机构遭受损失。泰国金融机构将所借外债大量用于高风险的房地产投资和证券投资,房地产和股票泡沫的破灭,使这些金融机构陷入困境。相反,奉行稳健经营原则的金融机构会在外资流入时能起到“闸门”的作用。当外资流入超过一定限度、使用效益降低时,“闸门”将控制外资流量,甚至自动关闭,避免新的外资流入。金融机构的这种作用实际上可以称为避免金融危机的“第一道防线”。这道防线的坚固程度取决于金融机构自身的组织结构、风险控制的动力及在盈利与稳定之间获得平衡的能力。

(二)金融市场波动性增加

在规模狭小、流动性比较低的新兴金融市场,外国资本的大量流入和外国投资者的广泛参与增加了市场的波动性。尤其是在一些机构,投资者成为这类国家非居民投资的主体时,国内金融市场的不稳定性表现得更为显著。原因为:一是资本市场的日趋一体化,使较小的、流动性较差的股票市场受到工业化国家证券市场波动的溢出影响,导致资本接受国股票价格的高度波动。二是新兴金融市场缺乏完善的金融经济基础设施,在会计标准、公开性、交易机制、票据交换以及结算和清算系统等方面存在薄弱环节,其无法承受资本大量流入的冲击,导致价格波动性的上升,且仍然保持很高的水平。资本高流入时期的新兴市场相对波动率高于资本低流入时期。在证券资金流入波动性很大的时期,亚太经济合作组织新兴金融市场的股票收益波动性相对于美国股票收益的波动性显著增加。

新兴金融市场波动性的另一个表现是股票价格迅速下降的可能性上升。与资本流动相伴的,突然的和大幅度的价格变化,以及流动性突然丧失,大大增加了全局性的市场波动。

(三)银行体系脆弱性上升

外国资本的大量流入和外国投资者对新兴金融市场的广泛参与,在增加金融市场深度,提高金融市场效率的同时,也带来了金融资产的迅速扩张。在缺乏足够严格的金融监管的前提下,资本流入国的银行突然面对大量“热钱”流入导致的流动性增加,而出现过度贷款的倾向,加大了银行体系的风险,同时资本的频繁进出,加大了金融市场的波动性,导致资本流入国金融系统脆弱性的上升。大量资本流入的发展中国家,金融市场的发展程度普遍较低,金融体系不成熟,相关的法律体系不够完善,金融监管相对薄弱,因而普遍面临金融自由化和金融现代化的压力。资本流入导致金融体系规模的快速扩张、资本流入的突然逆转，使金融体系的脆弱性大幅度上升。在中央银行不实行冲销性市场干预政策，放任外资流入该国银行体系的情况下，国外资本的大量流入导致银行资产负债规模的快速扩张，尤其是银行对外负债增长更显著。卡恩和莱因哈特通过估计资本流入国证券市场每日收益的标准差，认为资本高流入时期的新兴金融市场绝对波动率低于资本低流入时期，但绝对波动率的实际值相对于工业化国家的标准，仍然保持很高的水平；资本高流入时期的新兴金融市场的相对波动率高于低流入时期。在证券资金流入波动性很大的时期，亚太经济合作组织新兴市场的股票收益波动性相对于美国股票收益的波动性显著增加。新兴金融市场波动性的另一个表现是股票价格迅速下降的可能性上升。资本流动与银行稳定的内在机制如下：

第一，资本流入导致银行体系规模膨胀。具体来说，资本流入通过以下途径实现金融体系规模的扩张，一是银行体系充当资本流入的媒介。银行体系能够从国际市场上以外币筹措资金并贷款给本国的借款人，导致对外总负债的增加及银行体系资产规模的扩大。二是国内居民与企业借入大量外国资本，将其存入金融系统，通过乘数效应使金融体系规模倍增。三是资本流入在弥补经常项目差额的同时，表现为外汇储备的积累，各国银行外汇资产上升，为稳定经济，中央银行在国内金融市场投放大量本币资产，导致国内金融体系进一步扩张。四是外国资本最大流入国内资本市场，促进了资本市场的膨胀，导致股价上升、交易量剧增。

第二，银行道德风险问题凸显，资产质量下降。在发展中国家，资本市场不发达，银行机构通常是主要的金融中介，外资流入大多会以直接或间接的方式进入银行体系(本币或外币)，从而增加银行的可贷资金。由于资本输入远大于资本输出，所以银行以对外负债形式引进的资金绝大多数需要投资于国内市场，而且是投资于外国证券或把资金贷给国外企业。因此，很多新兴金融市场国家的外币净负债(外币负债 - 外币资产)急剧上升。这使得银行业的资产负债结构发生变化。

在银行体系资产负债迅速扩大而导致流动性过大的情况下，市场上的可贷资金将大大超过对资金的需求。由于国外资本成本较高，因此银行就倾向于选择高风险的企业，甚至将闲置资金贷给利润较低的企业或信用等级较差的借款者,这就造成了贷款质量下降,违约风险大大增加。而在一些发展中国家,对外币风险虽有审慎限制措施,但金融机构往往能够设法规避这些限制。一些银行将外币贷给国内没有套期保值的借款者,使货币风险又转化为信用风险。这使得银行体系变得十分脆弱。

第三,外资流入使资本市场的不稳定性加剧,并导致银行体系风险增加。在流入发展中国家的资本中,短期资本比例较高。这些短期投机资本往往流入一国资本市场,导致该国股票价格迅速上升,形成股市泡沫。股市泡沫的放大,使得投资人账面利润增加,更进一步吸引资金流入股市, 推动泡沫进一步扩大。泡沫破灭将迅速影响实体经济和银行体系。个人投资者的股票价格下跌,将使其真实财富水平下降,其消费需求和投资需求必然下降,进而导致社会总需求下降。

第三章　基于 SIR 和 SIS 组合模型的金融网络中风险传染研究

第一节　金融网络中风险传染的动力学分析

为了精准地描述金融网络中风险传染的动力学过程，本书引入数学中传染病建模思想对金融网络中的风险传染进行分析。在金融系统中，为了满足市场对资本流动性的需求，盈余主体为了发挥自身资金的最大效益会为短缺主体提供资本。因此，在整个金融市场中，一个金融主体与另一个金融主体通过资金的流动而形成一个复杂的金融系统资金网络。通常情况下，金融网络被用来描述金融系统中各金融主体间市场的结构。在该金融网络中，网络节点表示金融主体，节点之间的连接称为边。金融网络结构不同，金融网络所体现的性质也不尽相同，风险传染的行为也不相同。

一、金融网络中风险传染机制

假设1：金融网络中有 N 个金融主体，金融市场具有显著无标度网络的特征，各个金融子市场是该网络中的节点，在风险传染过程中是随机无序的，风险的传染没有潜伏期。假设金融网络中的一个金融主体 i 感染了金融风险，网络中和节点相连的节点都成了易染状态节点。

假设2：金融系统中不同的市场抗风险能力不同，各个子市场被风险传染后，其中部分节点子市场能够通过有效的防范对策对风险永久免疫；一部分恢复为风险免疫子市场，另一部分节点子市场在被风险传染后，没有进行及时有效的控制，因而无法形成对风险的免疫，再次进入风险暴露子市场，金融网络中风险传染机制见图3-1。

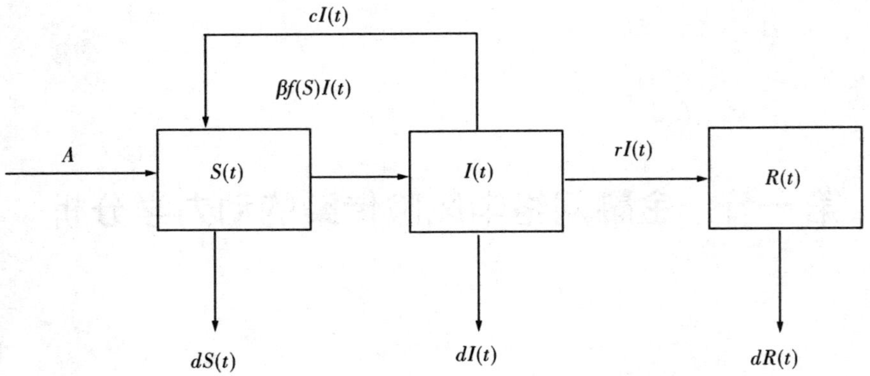

图3-1 金融网络中风险传染机制图

二、模型的构建

基于SIR和SIS组合的传染病模型是指患病者病愈后，其中一部分获得免疫力，而另一部分不具有暂时免疫力的疾病，特别对一些免疫状况尚在研究阶段的突发性传染病具有实际意义。借助传染病模型构建了一类SIR和SIS组合的金融市场风险传染系统动力学模型，变量和参数的设定如下：

在金融网络中，将网络节点分为三个类别，即$S(t)$、$I(t)$、$R(t)$。$S(t)$为风险暴露子市场，表示t时刻尚未被传染但缺乏风险防御能力容易被传染风险的子市场节点的数量，在风险传染中起主导作用；$I(t)$为风险感染子市场，表示t时刻已被风险传染的且可将风险传染给其他子市场节点的数量；$R(t)$为风险免疫子市场，表示t时刻在金融市场风险传染过程中具有免疫能力的子市场节点的数量；$N(t)$表示t时刻金融网络各子市场节点的总量，A表示单位时间内各子市场节点增加的数量；d表示子市场退出率。由于各个子市场的参与主体、业务类型和监管规则等存在一定的差异，所以各类子市场抗风险能力不同。因此，在风险感染子市场中，有一部分子市场采取了有效防控措施不再被传染而进入风险免疫子市场，另一部分子市场的风险未得到有效控制，不具免疫力，可以立刻再次被感染而直接进入 $S(t)$，且设在单位时间内由 $I(t)$ 进入 $S(t)$ 节点的数量在 $I(t)$ 节点中所占的比例为 c，称为无免疫易感率。r 表示移出率，也称风险管理系数，风险管理系数的存在使得一些风险感染子市场通过有效风险防控措施进入风险免疫子市场。β 表示各个节点子市场之间的风险传染的概率，风险暴露子市场与其他子市场的接触率为 $f(S)$，由于风险只能传染给风险暴露子市场，故有效接触率为 $\beta f(S)$，为非线性传染率。因此，t 时刻新增风险传染的子市场数量为 $\beta f(S)I(t)$，当 $\beta > 0$ 时，金融危机的传染范围会因 β 而不断增大，也就是被传染的金融主体子市场节点不断增多。金融系统中节点将会以概率 β 通过金融主体间的业务往来传染给其他金融节点。r 表示被感染的金融主体节点转变为免疫状态的概率，当 $r = 1$ 时，表明随着时间的不断推移，感染金融风险的节点子市场最终摆脱危机状态成为风险免疫子市场节点。随着时间的推移，整个金融网络会在 r 和 β 的作用下，最终达到稳定状态，这种稳定状态通常表示金融系统中的全部金融主体都破产后达到免疫状态，此时整个传染过程结束。一个易染状态的节点会被感染而变成感染状态的节点，并最终变成免疫状态的节点。当传染结束后，最终成为免疫状态的节点代表了此次金融危机的传染范围。我们假设三种状态的节点的数量比例是以时间 t 为变量的三个函数，则 $S(t)+I(t)+R(t)=N(t)$。假设 A,d,α,r,β 均是正常数。由此建立一类 SIR 和 SIS 的组合复杂金融网络风险传染模型：

由模型可得，t 时刻 $S(t)$、$I(t)$、$R(t)$ 节点的数量满足的微分方程为

$$\begin{cases} \dfrac{\mathrm{d}S(t)}{\mathrm{d}t} = A - \beta f(S)I(t) - dS(t) + cI(t) \\ \dfrac{\mathrm{d}I(t)}{\mathrm{d}t} = \beta f(S)I(t) - (r+c+d)I(t) \\ \dfrac{\mathrm{d}R(t)}{\mathrm{d}t} = rI(t) - dR(t) \end{cases} \tag{3-1}$$

模型 (3-1)的基本假设：

(1) $f(S)$ 满足在 $S \geqslant 0$ 上是一个非负不减连续函数，且 $f(0)=0$。在

$S \geq 0$ 上连续可微，$f'(S) > 0$；

(2) 基于模型(3－1)的金融学意义，$S(t)$、$I(t)$、$R(t)$ 均为非负。

将模型(3－1)的三个方程相加，可得出金融网络各子市场节点的总数量 $N(t)$ 满足方程

$$N'(t) = A - dN(t) \tag{3-2}$$

由比较原理可知，$\exists T > 0$，当 $t > T$ 时，$N(t) \leq A/d$。因此，从模型(3－1)出发的解将最终进入或停留在 $D \subset R_+^3$，其中

$$D = \{(S(t), I(t), R(t) \in R_+^3 \mid 0 \leq S(t) + I(t) + R(t) \leq A/d, S(t), I(t), R(t) \geq 0\}$$

D 是模型(3－1)的正向最大不变集。

第二节　模型平衡点的存在性和稳定性分析

一、模型平衡点的存在性

模型(3－1)的前两个方程不含 R，所以可以从前两个方程研究 S 和 I 的性态，若要了解 R 的性态可再由模型(3－1)的第三个方程讨论。

$$\begin{cases}\dfrac{\mathrm{d}S(t)}{\mathrm{d}t} = A - \beta f(S)I(t) - dS(t) + cI(t) \\ \dfrac{\mathrm{d}I(t)}{\mathrm{d}t} = \beta f(S)I(t) - (r + c + d)I(t)\end{cases} \tag{3-3}$$

令

$$R_0 = \frac{\beta f(A/d)}{r + c + d}$$

性质 3.1　模型(3-3)总有无风险平衡点 $P^0(A/d,0,0)$；当 $R_0 > 1$ 且 $A > dS^*$ 时，模型(3-3)除了存在无风险平衡点 P^0 外，还存在非零风险平衡点 $P^*(S^*, I^*)$。

证明：易知模型(3-3)总有无风险平衡点 $P^0(A/d,0)$，又因为在 D 中 $0 \leqslant S(t) \leqslant A/d$，由模型(3-3)的第二个方程可知 $0 < \dfrac{r + c + d}{\beta} < f(A/d)$，且当 $A > dS^*$ 时，模型(3-3)有唯一的正平衡点，求得模型(3-3)的平衡点应满足下列关系式

$$S^* = f^{-1}\left(\frac{r + c + d}{\beta}\right)$$

$$I^* = \frac{A - dS^*}{\beta f^*(S) - c} = \frac{A - dS^*}{r + d} \tag{3-4}$$

二、无风险平衡点 P^0 的稳定性分析

性质 3.2　当 $R_0 \leqslant 1$ 时，模型(3-3)的无风险平衡点 P^0 是全局渐近稳定的；当 $R_0 > 1$ 时，P^0 不稳定。

证明：考虑 Liapunov 函数 $V(t) = I(t)$。

将 $V(t)$ 关于模型(3-3)对 t 求导

$$\frac{dV(t)}{dt} = \beta f(S)I(t) - (r + c + d)I(t)$$

$$\leqslant [\beta f(A/d) - (r + c + d)]I(t)$$

$$= \frac{1}{(r + c + d)}(R_0 - 1)I(t)$$

当 $R_0 \leqslant 1$ 时，$\frac{dV(t)}{dt} \leqslant 0$；且 $\frac{dV(t)}{dt} = 0$，除 P^0 外，无模型(3－3)的其他轨线，所以 P^0 全局渐近稳定。易证当 $R_0 > 1$ 时，P^0 不稳定。由性质 3.2 说明在金融市场中，无论初始的子市场的数量有多少，风险都不会蔓延，而是逐渐消失的，因此 P^0 是无风险平衡点。

三、模型非零风险平衡点的稳定性分析

性质 3.3 当 $R_0 > 1$ 且 $A > dS^*$ 时，模型(3－3)的非零风险平衡点 P^* 是全局渐近稳定的。

证明：考虑 Liapunov 函数

$$V[S(t),I(t)] = c_1\int_{S^*}^{S}\frac{g(x)}{f(x)}dx + c_2\int_{I^*}^{I}\frac{x - I^*}{I}dx$$

其中 $g(x) = \beta f(S) - (d + c + r)$，由模型的基本假设可知 $g(x)$ 是单调递增函数，且 $f(S^*) = 0$，c_1、c_2 是正常数，故 $V[S(t),I(t)] \geqslant 0$，当且仅当 $S = S^*$，$I = I^*$ 时，$V[S(t),I(t)] = 0$。

将 V 关于模型(3－3)对 t 求导

$$\frac{dV(t)}{dt} = c_1\frac{g(S)}{f(S)}[-\beta f(S)I + A - dS + cI] + c_2(I - I^*)f(S)$$

令 $c_1 = 1$，$c_2 = \beta - \frac{c}{f(S^*)}$，因为 $c_2 > 0$，$\beta f(S^*) > c$，所以

$$\frac{\mathrm{d}V(t)}{\mathrm{d}t} = -g(S)\frac{A + cI}{f(S)f(S^*)}[f(S) - f(S^*)] - g(S)\frac{d}{f(S)f(S^*)}[Sf(S^*) - S^*f(S)]$$

由式(3－3)的第二个方程可知

$$g(S) = \beta[f(S) - f(S^*)]$$

又因为

$$Sf(S^*) - S^*f(S) = -S^*[f(S) - f(S^*)] + f(S^*)(S - S^*)$$

所以

$$\frac{\mathrm{d}V(t)}{\mathrm{d}t} = -\frac{\beta}{f(S)f(S^*)}(A + cI - dS^*)[f(S) - f(S^*)]^2 - \frac{\beta d}{f(S)}(S - S^*)[f(S) - f(S^*)]$$

因为 $A > dS^*$，且由模型的基本假设可知 $g(S)$ 是单调递增函数，所以 $\frac{\mathrm{d}V(t)}{\mathrm{d}t} \leqslant 0$，$\frac{\mathrm{d}V(t)}{\mathrm{d}t} = 0$ 的充要条件为 $S = S^*$ 且 $\frac{\mathrm{d}V(t)}{\mathrm{d}t} = 0$，除 P^* 外无模型(3－3)的其他轨线，所以 P^* 全局渐近稳定。性质 3.3 说明在金融市场中，一旦存在风险感染，当 $R_0 > 1$ 时风险就会蔓延，而最终风险感染子市场和风险暴露子市场的数量分别稳定为 $f^{-1}\left(\frac{r + c + d}{\beta}\right)$，$\frac{A - dS^*}{r + d}$。

第三节 风险传染阈值的影响因素分析及模拟仿真

一、风险传染阈值的影响因素分析

当 $R_0 \leqslant 1$ 时，无风险平衡点 P^0 是全局渐近稳定的，由于

$$\frac{\mathrm{d}I(t)}{\mathrm{d}t} = \beta f(S)I(t) - (r + c + d)I(t) \leqslant [\beta f(A/d) - (r + c + d)]I(t)$$

$$= \frac{1}{(r + c + d)}(R_0 - 1)I(t) \leqslant 0$$

即 $\frac{\mathrm{d}I(t)}{\mathrm{d}t} \leqslant 0$，说明风险暴露子市场的数量呈递减趋势，最终风险被有效控制并逐渐消除，当 $R_0 > 1$ 时，无风险平衡点 P^0 是不稳定的；$\frac{\mathrm{d}I(t)}{\mathrm{d}t} \geqslant 0$，表明随着时间的推移，风险感染子市场的数量越来越大，即风险感染子市场的数量增加，金融市场间的风险将继续蔓延，尤其对那些与其他子市场业务关联度高的子市场而言，风险蔓延的可能性增加，R_0 越大，风险蔓延速度越快。当 $\frac{\mathrm{d}I(t)}{\mathrm{d}t} = 0$ 时，风险感染子市场在风险管理系数 r 的作用下，最终转变为风险免疫子市场，风险最终消失。因此，金融市场风险的存在与否完全由风险传染阈值 R_0 决定，风险传染阈值越小越有利于风险的消除和控制。

由风险传染阈值公式 $R_0=\dfrac{\beta f(A/d)}{r+c+d}$ 可以看出，R_0 的大小受模型中两个重要的参数共同影响，即风险管理系数和有效接触率。从政策层面来看，减少风险传染阈值的措施都是可取的，一方面增加风险管理系数，减少风险感染子市场的数量；另一方面降低有效接触率，减少风险感染子市场的数量。当两种效应达到均衡时，风险不会蔓延。有效接触率是风险感染子市场与风险暴露子市场的风险传染系数，与整个金融市场的系统性风险分担程度有关，既体现了各类子市场业务往来传染的方式，又体现了风险的传染渠道。如果各类子市场关联越紧密，有效接触率越高，则风险传染就越迅速。反之，应建立有效的风险防控机制，降低风险传染的速度，缩小风险的传染范围。通过以上分析可知，只有在监管部门的相关政策全面实施的基础上，提高市场自身的抗风险能力和有效的防控措施才是最奏效的风险防范策略。

二、模拟仿真

运用 MATLAB 软件编程绘制模型（3－3）的 $I-S$ 图形（相轨线），如图 3－2 所示。

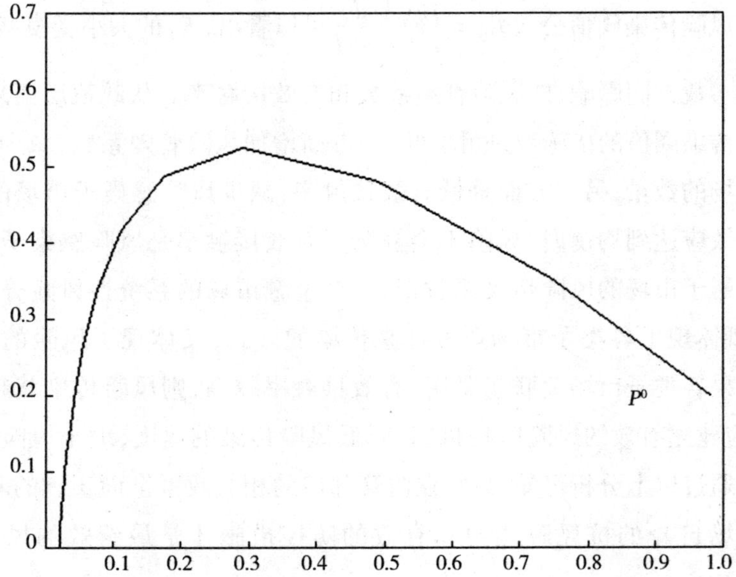

图 3－2　$I-S$ 图形

(一)相轨线分析

我们在模型分析和图形观察的基础上,利用相轨线讨论 $I(t)$、$S(t)$ 的性质。模型(3－3)的定义域为

$$D = \{(S,I) \mid S \geqslant 0, I \geqslant 0, S+I \leqslant 1\}$$

在定义域 D 内,图 3－2 表示的曲线即为相轨线,图 3－3 的箭头表示随着时间 t 的增加,$S(t)$ 和 $I(t)$ 的变化趋向。

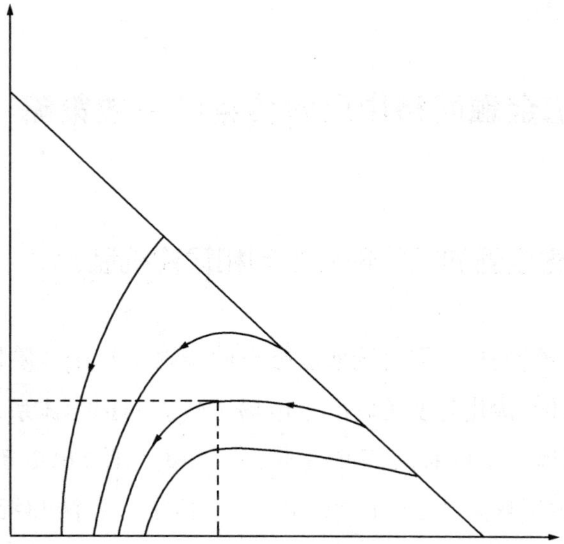

图 3－3　变化趋势

下面根据图 3－2 和图 3－3 分析 $S(t)$、$I(t)$ 和 $R(t)$ 的变化情况（$t\to\infty$ 时它们的极限值分别记作 S_∞、I_∞ 和 R_∞）。

第一，不论初始条件 S_0、t_0 如何，风险不会蔓延即将消失，即 $t\to\infty$，$i\to0$。

第二，最终未被感染的风险免疫子市场的比例是在式（3－3）中令 $I=0$，在（0，R_0）内的根。在图形上是相轨线与 S 轴在（0，$1/R_0$）内交点的横坐标。

（二）结论

对以上的相轨线进行分析可以看出，如果仅当风险感染子市场节点的比例$I(t)$有一段增长的时期才认为风险在金融系统内逐渐蔓延，那么 R_0 是一个阈值，当 $S_0>1/R_0$（即 $R_0>1/s_0$）时传染病就会蔓延。而减小 R_0，即提高 $1/R_0$，使得 $S_0\leqslant1/\sigma$（即 $R_0\leqslant1/S_0$），风险就不会蔓延（风险暴露子市场比例的初始值 S_0 是一定的，通常可认为 S_0 接近 1）。即使 $S_0>1/R_0$，即 R_0 减小时，S_∞ 增加，I_m 降低，也控制了风险蔓延的程度。因此，金融市场风险的存在与否完全由风险传染阈值 R_0 决定，风险传染阈值越小越有利于风险的消除和控制。

三、防范金融网络中风险传染的有效策略

(一)构建全面的风险预警机制和管控机制

构建风险预警机制,需要选取能够反映金融市场中风险影响的内、外部潜在因素的指标,构建高度关联的子市场风险监测指标体系,根据指标的变动情况来识别风险。目前,数字经济带来了新的风险,也更新了风险管理的工具,利用金融工程方法、人工智能技术、机器学习算法和统计分析方法建立新型风险预警模型。当金融市场的外部环境发生改变时,会改变风险的发生概率和损失程度,指标的变动就可以对风险进行预警。除了构建风险预警机制,防范金融风险的第一道防线就是金融市场内部的风险管控机制。一般来说,短期内金融市场风险容易隐藏,但从中长期来看,积累金融的风险会越来越大,甚至会蔓延整个金融体系,所以短期内金融市场的风险防控非常重要,目前我国防范及控制金融风险时却忽略了这一点。因此,对各类子市场进行实时监测预警,对预警机制实行管理,同时对金融市场中异常的交易进行重点监测,将防范金融风险的各种决策和措施及时输送,这样可以有效预防风险的发生和恶化,缩小风险的传染范围。

(二)建立有效的风险隔离机制

由于一些子市场关联度较高,即模型(3-1)中的$\beta f(S)$较大,当一类子市场感染风险后会立即传染给其他子市场,因此,当个别子市场感染风险后,要建立有效的风险隔离机制,防止风险的进一步蔓延和传递,风险隔离机制可以有效控制风险引起的连锁反应,降低各类子市场之间的风险传染概率,从总体上减少风险造成的损失程度。要重视识别那些可能影响金融主体的潜在风险,管理风险可使其在该主体的风险偏好之内,并为主体目标的实现提供合理的保证。此外,还可以考虑将风险隔离机制逐级延伸覆盖

至乡镇、街道乃至社区、村委会,建立多层次的金融风险隔离机制,在全国率先实现市、区、镇(街)、村(居)金融风险防控全覆盖。

(三)优化金融监管体系

金融监管是防范和化解金融风险的必要条件,模型(3-1)中风险管理系数的大小主要与子市场自身的风险防范和金融监管部门的力度相关。监管部门的力度越大,越有利于风险的防控。监管的目的是防范金融风险,但同时还要兼顾培育金融市场,鼓励金融创新和制度创新,监管部门通过建立健全监管制度,优化金融监管体系,监督金融机构的经营活动,降低和控制金融体系的风险。但目前金融业风险面临新的挑战。由于互联网金融发展迅速,例如互联网支付、众筹融资、互联网保险和互联网消费金融等,互联网金融与传统金融的融合打破了地域限制,互联网金融市场的发展突破了银行业、证券业、保险业分业经营的界限,互联网金融市场的金融风险呈现隐蔽性强、跨地域广和扩散更快的特点,所以面临这种新型风险,需要构建适应新时代的金融监管体系。目前,我国还没有优质的风险管理的创新,可与有较高互联网金融风险防范能力的国家和机构合作,优化金融监管体系,以此促进金融市场健康有序的发展。除此之外,优化金融监管体系要利用网络技术,按照匹配性、全覆盖、独立性和有效性的原则,建立健全和全面风险管理体系,同时加强对金融市场的外部监管。利用网络技术对金融市场的各类参与者及它们的融资、交易活动以及对市场运行的组织、协调和监督措施等方面进行全面监管。同时,通过金融风险监管体系,对各类金融风险,强化功能监管,协同分业监管。

(四)完善金融法制法规

随着市场经济的深入发展,需要成熟的金融法制法规来防止金融犯罪。法律作为金融风险管理与控制的重要手段日益发挥应有的作用。但是要达到理想的效果还有待法律法规的进一步完善,进而约束金融机构的行为。金融机构为了防范金融风险,可以建立贷款管理责任制度,完善并落实资产负债比例管理制度,建立和健全内部稽核制度,并加强我国银行的内部监控系统,完善对各级经营权的监督机制。应防范不良贷款,防范金融犯罪,努力把金融风险控制在最小范围。设立专门的金融风险管理机构,可以独立负责金融风险的预防和控制,将金融机构各个部门有关风险报告进行总结,以保证信息的及时传递。

第四章　考虑潜伏期传染的 SEIR 模型在金融网络中的风险传染研究

第一节　金融网络中的传染动力学分析

上一章研究了一类 SIR 和 SIS 组合的金融网络风险传染模型，本章将考虑具有风险潜伏期且具有一般形式接触率的 SEIR 模型。

一、金融网络中风险传染机制

金融网络中风险传染机制见图 4－1。其解释如下：

（1）S、E、I、R、N 分别表示 t 时刻风险暴露子市场、风险潜伏子市场、风险感染子市场、风险免疫子市场和金融网络中各类子市场节点的总数量。

（2）A 表示单位时间内子市场节点的输入；d 表示各类子市场的退出率；α 表示染病期的病人死亡率；ε 为单位时间内风险潜伏子市场转化为风险暴露子市场的比例；r 为单位时间内风险感染子市场转化为风险免疫子市场的比例。

（3）β_1 、β_2 分别表示风险潜伏子市场和风险暴露子市场所具有的传染力，即传染的概率。

（4）在传染病数学建模时，$C(N)$ 表示接触率。

借助数学模型研究各种传染病的传播过程和动力学行为，最关键的是对传染病的传播过程和传播行为的传染率进行描述。传统的传染病模型中常用的有效接触率有两种，当总种群规模不太大时，常用的接触率为 βSI ，称为双线性发生率，或简称为简单质量作用原理；相反的，当总种群规模非常大时，常用的接触率为 $\beta SI/N$，称为标准传染率或标准作用原理。Dietz 提出了类似于 Holling－Ⅱ类的功能性反应的有效接触率 $C(N)=\frac{aN}{1+\omega N}$。Heesterbeek认为，易感者和感染者是随机混合的，他们之间的接触类似分子运动的随机碰撞，从而推导了形如 $C(N)=\frac{bN}{1+bN+\sqrt{1+2bN}}$ 的接触率。一般来说，接触率应为总人口 N 的函数，且不会随 N 的增大而无限增大，而双线性发生率和标准传染率是总的种群规模非常小和非常大的两种极端的情况，而其他几种形式也都有局限性。例如，当易感者人数趋于无穷时，每一个病人在单位时间内就可以传染无穷多个人，这在实际中是不可能的，易感者人数再多，一个病人与他人的接触能力在单位时间内总是有限的，由于接触能力的限制，传染力总有一个饱和态。一般形式接触率 $C(N)$ 的讨论对金融网络中风险传染模型的影响会更有意义。

（5）A、d、α、ε、β_1、β_2、r 均是正常数。

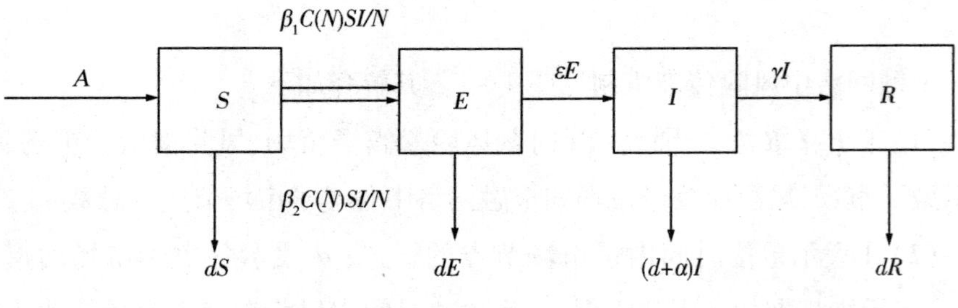

图 4－1　金融网络中风险传染机制图

二、模型的建立

我们根据图 4－1 的金融网络中风险传染机制，建立模型如下：

$$\begin{cases} S' = A - C(N)S(\beta_1 E + \beta_2 I)/N - dS \\ E' = C(N)S(\beta_1 E + \beta_2 I)/N - (d + \varepsilon)E \\ I' = \varepsilon E - (d + r + \alpha)I \\ R' = rI - dR \\ N = S + E + I + R \end{cases} \tag{4-1}$$

模型(4-1)满足下列条件：

(1) $C(N)$ 在 $N > 0$ 上是一个非负不减的连续函数,且 $C(0) = 0$ 。在 $N \geqslant 0$ 上连续可微, $C'(N) \geqslant 0$ 。

(2) $C(N)/N$ 在 $N > 0$ 上是非负不增的连续可微函数,且 $[C(N)/N]' \leqslant 0$ 。

基于模型(4-1)的金融学意义, S、E、I、R 均为非负。本章讨论区域为 R_+^4 ,其中 R_+^4 表示四维空间 R^4 中包括各个低维平面和直线的非负锥。

第二节　模型平衡点的存在性和非零风险平衡点的局部稳定性分析

一、模型平衡点的存在性

将模型(4-1)的四个方程相加可得出各类节点的市场总数量 N 满足方程

$$N' = A - dN - \alpha I \tag{4-2}$$

显然 $N' \leqslant A - dN$,由比较定理2.3可知,存在 $T > 0$,当 $t > T$ 时, $N \leqslant$

A/d 。因此,模型(4－1)中的解将最终进入或停留在 $\Omega \in R_+^4$,其中

$$\Omega = \{(S,E,I,R) \in R_+^4 | 0 \leqslant S + E + I + R \leqslant A/d, S,E,I,R \geqslant 0\}$$

当 $S = 0$ 时, $S' = A > 0$,可知模型(4－1)的轨线从平面 $S = 0$ 正向进入 Ω 。

当 $E = 0$ 时, $E' = \beta_2 C(N)S/N > 0$,可知模型(4－1)的轨线从平面 $E = 0$ 正向进入 Ω 。

当 $I = 0$ 时, $I' = \varepsilon E > 0$,可知模型(4－1)的轨线从平面 $I = 0$ 正向进入 Ω 。

当 $R = 0$ 时, $R' = rI > 0$,可知模型(4－1)的轨线从平面 $R = 0$ 正向进入 Ω 。

所以, Ω 是模型(4－1)的正向最大不变集。

为了便于讨论,记 $\delta = d + \varepsilon, \omega = d + \alpha + r$, $D(N) = C(N)/N$ 。

由模型(4－1)满足条件(2)可知

$$D(N) > 0, D'(N) \leqslant 0 \tag{4-3}$$

由此模型(4－1)可简化为

$$\begin{cases} S' = A - D(N)S(\beta_1 E + \beta_2 I) - dS \\ E' = D(N)S(\beta_1 E + \beta_2 I) - \delta E \\ I' = \varepsilon E - \omega I \\ R' = rI - dR \end{cases} \tag{4-4}$$

为了求模型(4－4)的平衡点,可求下列对应方程组的解

$$\begin{cases} A - D(N)S(\beta_1 E + \beta_2 I) - dS = 0 \\ D(N)S(\beta_1 E + \beta_2 I) - \delta E = 0 \\ \varepsilon E - \omega I = 0 \\ rI - dR = 0 \end{cases} \tag{4-5}$$

由 $N=S+E+I+R$ 及方程组(4-5)求得模型(4-4)的平衡点应满足下列关系式：

$$S=\frac{\alpha\varepsilon A}{(\beta_1\omega+\beta_2\varepsilon)D(N)(A-dN)+d\alpha\varepsilon};\ E=\frac{\omega(A-dN)}{\varepsilon\alpha};$$

$$I=\frac{(A-dN)}{\alpha};\ R=\frac{r(A-dN)}{d\alpha} \tag{4-6}$$

$$F(N)(A-dN)=0 \tag{4-7}$$

其中

$$F(N)=-(\delta\omega-\alpha\varepsilon)(\beta_1\omega+\beta_2\varepsilon)AD(N)/d+\delta\omega(\beta_1\omega+\beta_2\varepsilon)C(N)-\delta\omega\alpha\varepsilon \tag{4-8}$$

由式(4-6)、式(4-7)求得模型(4-4)的无风险平衡点 $P^0(A/d,0,0,0)$。

另一方面，由式(4-8)算得

$$F(0)=-(\delta\omega-\alpha\varepsilon)(\beta_1\omega+\beta_2\varepsilon)AD(0)/d-\delta\omega\alpha\varepsilon$$

$$\begin{aligned}F(A/d)&=\alpha\varepsilon(\beta_1\omega+\beta_2\varepsilon)C(A/d)-\delta\omega\alpha\varepsilon\\&=\delta\alpha\varepsilon\omega\left[\frac{(\beta_1\omega+\beta_2\varepsilon)C(A/d)}{\delta\omega}-1\right]\\&=\delta\alpha\varepsilon\omega(R_0-1)\end{aligned}$$

其中

$$R_0=\frac{(\beta_1\omega+\beta_2\varepsilon)C(A/d)}{\delta\omega}=\frac{[\beta_1(d+\alpha+r)+\beta_2\varepsilon]C(A/d)}{(d+\varepsilon)(d+\alpha+r)} \tag{4-9}$$

由模型(4-1)满足条件(1)、(2)及式(4-3)可知，$F(N)$ 是区间 $(0,A/d)$ 的连续增函数。由 $(\delta-d)\omega-\varepsilon d=\alpha\varepsilon>0$ 可知，$F(0)<0$。当 $R_0>1$ 时，$F(A/d)>0$，所以方程 $F(N)=0$ 在区间 $(0,A/d)$ 有唯一的解 N^*，即 $F(N^*)=0$。再由式(4-6)可知，模型(4-4)除存在无风险平衡点 P^0 外，还有唯一的非零风险平衡点 $P^*(S^*、E^*、I^*、R^*)$，其中 S^*、E^*、I^*、R^* 由式(4-6)确定。

根据式(4-5)~(4-8)，可得平衡点存在性定理。

定理 4.1 模型(4-4)满足：

(1) 模型(4-4)总有无风险平衡点 $P^0(A/d,0,0,0)$；

(2) 当 $R_0>1$ 时，模型(4-4)除存在无风险平衡点 P^0 外，还存在非零风险平衡点 $P^*(S^*、E^*、I^*、R^*)$。

二、无风险平衡点的稳定性

定理 4.2 当 $R_0\leqslant 1$ 时，模型(4-4)的无风险平衡点 P^0 是全局渐近稳定的；当 $R_0>1$ 时，P^0 不稳定。

证明：考虑 Liapunov 函数，$V=\dfrac{\beta_1\omega+\beta_2\varepsilon}{\delta\omega}E+\dfrac{\beta_2}{\omega}I$。

将 V 关于模型(4-4)对 t 求导：

$$
\begin{aligned}
V' &= (\beta_1 E+\beta_2 I)\left[\frac{(\beta_1\omega+\beta_2\varepsilon)D(N)S}{\delta\omega}-1\right]\\
&= (\beta_1 E+\beta_2 I)\left[\frac{(\beta_1\omega+\beta_2\varepsilon)C(A/d)}{\delta\omega}\frac{C(N)}{C(A/d)}\frac{S}{N}-1\right]\\
&= (\beta_1 E+\beta_2 I)\left[R_0\frac{C(N)}{C(A/d)}\frac{S}{N}-1\right]
\end{aligned}
$$

当 $R_0\leqslant 1$ 时，由模型的基本假设条件可得 $V'\leqslant 0$。除 P^0 外，无模型(4-4)的其他轨线，由定理 2.4 可知，P^0 全局渐近稳定。易证当$R_0>1$时，P^0 不稳定。

三、非零风险平衡点的局部稳定性分析

对模型(4－4)做变量代换，将四维自治系统(4－4)变成与其等价的三维渐近自治系统。

令

$$M = \frac{r}{\alpha}(S + E + I + R) + R = \frac{r}{\alpha}N + R \tag{4-10}$$

则由 $N = S + E + I + R$ 及式(4－2)得

$$M' = \frac{r}{\alpha}A + dM \tag{4-11}$$

式(4－11)的解为

$$M(t) = \frac{rA}{\alpha d} + \left(C - \frac{rA}{\alpha d}\right)\mathrm{e}^{-dt} \tag{4-12}$$

将式(4－12)代入模型(4－4)前三个方程可得到等价的三维非自治方程

$$\begin{cases} S' = A - D(N)S(\beta_1 E + \beta_2 I) - dS \\ E' = D(N)S(\beta_1 E + \beta_2 I) - \delta E \\ I' = \varepsilon E - \omega I \\ N = \dfrac{\alpha}{\alpha + r}\left[S + E + I + \dfrac{rA}{\alpha d} + \left(C - \dfrac{rA}{\alpha d}\right)\mathrm{e}^{-dt}\right] \end{cases} \tag{4-13}$$

为了便于讨论，记$\tilde{N} = \frac{\alpha}{\alpha + r}(S + E + I + \frac{rA}{\alpha d})$。

模型(4－13)对应的极限系统为下列模型：

$$\begin{cases} S' = A - D(\tilde{N})S(t)(\beta_1 E + \beta_2 I) - dS \\ E' = D(\tilde{N})S(\beta_1 E + \beta_2 I) - \delta E \\ I' = \varepsilon E - \omega I \\ \tilde{N} = \dfrac{\alpha}{\alpha + r}(S + E + I + \dfrac{rA}{\alpha d}) \end{cases} \tag{4-14}$$

将模型(4－14)的三个方程相加,可得 $\tilde{N}$ 满足方程

$$\tilde{N}' = A - d\tilde{N} - \alpha I \tag{4-15}$$

显然 $\tilde{N}' \leqslant A - d\tilde{N}$,由定理2.3可知, $\exists T > 0$,当 $t > T$ 时, $\tilde{N} \leqslant A/d$ 。因此,从模型(4－14)出发的解将最终进入或停留在 $D \subset R_+^3$, R_+^3 表示三维空间 R^3 中包括各个低维平面和直线的非负锥,其中

$$D = \{(S,E,I) \in R_+^3 \mid 0 \leqslant S + E + I \leqslant A/d, S,E,I \geqslant 0\}$$

当 $S = 0$ 时, $S' = A > 0$,可知模型(4－14)的轨线从平面 $S = 0$ 正向进入 D 。

当 $E = 0$ 时, $E' = \beta_2 C(\tilde{N})S/\tilde{N} > 0$,可知模型(4－14)的轨线从平面 $E = 0$ 正向进入 D 。

当 $I = 0$ 时, $I' = \varepsilon E > 0$,可知模型(4－14)的轨线从平面 $I = 0$ 正向进入 D 。

所以, D 是模型(4－14)的正向最大不变集。

模型(4－14)平衡点满足方程组

$$\begin{cases} A - D(\tilde{N})S(\beta_1 E + \beta_2 I) - dS = 0 \\ D(\tilde{N})S(\beta_1 E + \beta_2 I) - \delta E = 0 \\ \varepsilon E - \omega I = 0 \end{cases} \tag{4-16}$$

由式(4－16)求得模型(4－14)的平衡点应满足下列关系式：

$$S=\frac{\alpha\varepsilon A}{(\beta_1\omega+\beta_2\varepsilon)D(\tilde{N})(A-d\tilde{N})+d\alpha\varepsilon}$$

$$E=\frac{\omega(A-d\tilde{N})}{\varepsilon\alpha};\ I=\frac{(A-d\tilde{N})}{\alpha} \tag{4-17}$$

$$F(\tilde{N})(A-d\tilde{N})=0 \tag{4-18}$$

其中

$$\begin{aligned}F(\tilde{N})=&-(\delta\omega-\alpha\varepsilon)(\beta_1\omega+\beta_2\varepsilon)AD(\tilde{N})/d\\&+\delta\omega(\beta_1\omega+\beta_2\varepsilon)C(\tilde{N})-\delta\omega\alpha\varepsilon\end{aligned} \tag{4-19}$$

同理类似式(4－5)～式(4－8)，可以证明 $F(\tilde{N})=0$ 有唯一的解 $\tilde{N}^*$，即 $F(\tilde{N}^*)=0$。

引理4.1　模型(4－14)总有平衡点 $Q^0(A/d,0,0)$，当 $R_0>1$ 时，还存在正平衡点 $Q^*(\tilde{S}^*,\tilde{E}^*,\tilde{I}^*)$，$Q^0$、$Q^*$ 分别对应模型(4－4)非零风险 P^0 和非零风险平衡点平衡点 P^*，

$$\tilde{S}^*=\frac{\alpha\varepsilon A}{(\beta_1\omega+\beta_2\varepsilon)D(\tilde{N}^*)(A-d\tilde{N}^*)+d\alpha\varepsilon};$$

$$\tilde{E}^*=\frac{\omega(A-d\tilde{N}^*)}{\varepsilon\alpha};\ \tilde{I}^*=\frac{(A-d\tilde{N}^*)}{\alpha}$$

其中 $\tilde{N}^*$ 是式(4－19)的解。

引理4.2　当 $R_0\leqslant 1$ 时，模型(4－14)的平衡点 Q^0 是全局渐近稳定的。

证明：　考虑 Liapunov 函数

$$V=\frac{\beta_1\omega+\beta_2\varepsilon}{\delta\omega}E+\frac{\beta_2}{\omega}I$$

将 V 关于模型(4－13)对 t 求导

$$\begin{aligned} V' &= (\beta_1 E + \beta_2 I)\left[\frac{(\beta_1\omega + \beta_2\varepsilon)D(\tilde{N})S}{\delta\omega} - 1\right] \\ &= (\beta_1 E + \beta_2 I)\left[\frac{(\beta_1\omega + \beta_2\varepsilon)C(A/d)}{\delta\omega}\frac{C(\tilde{N})}{C(A/d)}\frac{S}{\tilde{N}} - 1\right] \\ &= (\beta_1 E + \beta_2 I)\left[R_0\frac{C(\tilde{N})}{C(A/d)}\frac{S}{\tilde{N}} - 1\right] \end{aligned}$$

当 $R_0 \leqslant 1$ 时,由模型的基本假设条件可得 $V' \leqslant 0$,且 $V' = 0$ 时除 Q^0 外,无模型(4-14)的其他轨线,由定理2.4可知, Q^0 是全局渐近稳定的。

引理4.3 当 $R_0 > 1$ 时, Q^0 是模型(4-14)不稳定的平衡点。Q^* 是模型(4-14)局部渐近稳定的正平衡点。

证明: 模型(4-14)在 Q^0 处的Jacobian矩阵为

$$\boldsymbol{J}(B) = \begin{pmatrix} -d & -\beta_1 D(\tilde{N})A/d & -\beta_2 D(\tilde{N})A/d \\ 0 & \beta_1 D(\tilde{N})A/d - \delta & \beta_2 D(\tilde{N})A/d \\ 0 & \varepsilon & -\omega \end{pmatrix} \tag{4-20}$$

模型(4-14)在 Q^0 处的线性近似方程的系数矩阵的特征根为 $-d, \lambda_1, \lambda_2$ 。

其中, $\lambda_1\lambda_2 = -(1 - R_0)/\delta\omega$ 。

当 $R_0 > 1$ 时, $\lambda_1\lambda_2 < 0$,所以存在正特征根,即当 $R_0 > 1$ 时, Q^0 是模型(4-14)不稳定的平衡点。

模型(4-14)在 Q^* 处的Jacobian矩阵为

$$\boldsymbol{J}(C) = \begin{pmatrix} b_{11} & b_{12} & b_{13} \\ b_{21} & b_{22} & b_{23} \\ 0 & \varepsilon & -\omega \end{pmatrix} \tag{4-21}$$

其中

$$b_{11} = -D(\tilde{N}^*)(\beta_1 E^* + \beta_2 I^*) - d - \frac{\alpha}{\alpha + r} D'(\tilde{N}^*) S(\beta_1 E^* + \beta_2 I^*)$$

$$b_{12} = -\beta_1 S^* D(\tilde{N}^*) - D'(\tilde{N}^*) S^* (\beta_1 E^* + \beta_2 I^*)$$

$$b_{13} = -\beta_2 S^* D(\tilde{N}^*) - \frac{\alpha}{\alpha + r} D'(\tilde{N}^*) S(\beta_1 E^* + \beta_2 I^*)$$

$$b_{21} = D(\tilde{N}^*)(\beta_1 E^* + \beta_2 I^*) + \frac{\alpha}{\alpha + r} D'(\tilde{N}^*) S(\beta_1 E^* + \beta_2 I^*)$$

$$b_{22} = \beta_1 S^* D(\tilde{N}^*) + \frac{\alpha}{\alpha + r} D'(\tilde{N}^*) S(\beta_1 E^* + \beta_2 I^*) - \delta$$

$$b_{23} = \beta_2 S^* D(\tilde{N}^*) + \frac{\alpha}{\alpha + r} D'(\tilde{N}^*) S(\beta_1 E^* + \beta_2 I^*)$$

则模型(4－14)在 Q^* 处的线性近似方程的系数矩阵对应的特征方程为

$$\lambda^3 + b_1 \lambda^2 + b_2 \lambda + b_3 = 0$$

$$b_1 = d + \omega + D(\tilde{N}^*)(\beta_1 E^* + \beta_2 I^*) + \beta_2 \delta \varepsilon / (\beta_1 \omega + \beta_2 \varepsilon) \tag{4-22}$$

$$\begin{aligned} b_2 = {} & d\omega - \frac{\alpha}{\alpha + r}(\omega + d + \varepsilon) D'(\tilde{N}^*)(\beta_1 E^* + \beta_2 I^*) \\ & + (\delta + \omega)(\beta_1 E^* + \beta_2 I^*)\left[D(\tilde{N}^*) + \frac{\alpha}{\alpha + r} D'(\tilde{N}^*) S^*\right] \\ & + d\delta\varepsilon / (\beta_1 \omega + \beta_2 \varepsilon) \end{aligned} \tag{4-23}$$

$$b_3 = \omega\delta(\beta_1 E^* + \beta_2 I^*)\left[D(\tilde{N}^*) + \frac{\alpha}{\alpha + r} D'(\tilde{N}^*) S^*\right]$$

$$-\frac{\alpha}{\alpha+r}(\omega+\varepsilon)d(\beta_1E^*+\beta_2I^*)D'(\tilde{N}^*)S^* \tag{4-24}$$

$$\begin{aligned} b_1b_2-b_3= & d\omega(d+\omega)+[d\delta+2d\omega+\omega^2+(\delta+\omega)(\beta_1E^*+\beta_2I^*) \\ & +(\delta+\omega)\beta_2\delta\varepsilon/(\beta_1\omega+\beta_2\varepsilon)][D(\tilde{N}^*)+\frac{\alpha}{\alpha+r}D'(\tilde{N}^*)S^*] \\ & -\frac{\alpha}{\alpha+r}D'(\tilde{N}^*)(\beta_1E^*+\beta_2I^*)(d+\omega+\varepsilon)[d+\omega \\ & +\beta_1E^*+\beta_2I^*+\beta_2\delta\varepsilon/(\beta_1\omega+\beta_2\varepsilon)] \\ & +d\delta\varepsilon D(\tilde{N}^*)(\beta_1E^*+\beta_2I^*)\beta_2\delta\varepsilon/(\beta_1\omega+\beta_2\varepsilon) \end{aligned} \tag{4-25}$$

因为 $S<\tilde{N}$,由模型的基本假设条件(1)得

$$D(\tilde{N})+D'(\tilde{N})S>D(\tilde{N})+D'(\tilde{N})N=C'(\tilde{N})\geqslant 0 \tag{4-26}$$

由式(4-3)可知

$$D(\tilde{N}^*)>0,D'(\tilde{N}^*)\leqslant 0 \tag{4-27}$$

再由式(4-27)可知

$$\begin{aligned} D(\tilde{N})+\frac{\alpha}{\alpha+r}D'(\tilde{N})S & >D(\tilde{N})+D'(\tilde{N})S \\ & >D(\tilde{N})+D'(\tilde{N})N=C'(\tilde{N})>0 \end{aligned} \tag{4-28}$$

$$b_1=d+\omega+D(\tilde{N}^*)(\beta_1E^*+\beta_2I^*)+\beta_2\delta\varepsilon/(\beta_1\omega+\beta_2\varepsilon)>0 \tag{4-29}$$

$$b_3 \geqslant \omega\delta(\beta_1 E^* + \beta_2 I^*)C'(N) - \frac{\alpha}{\alpha + r}(\omega + \varepsilon)d(\beta_1 E^* + \beta_2 I^*)D'(\tilde{N}^*)S^* > 0 \quad (4-30)$$

$$b_1 b_2 - b_3 \geqslant d\omega(d+\omega) + [d\delta + 2d\omega + \omega^2 + (\delta+\omega)(\beta_1 E^* + \beta_2 I^*) + (\delta+\omega)\beta_2\delta\varepsilon/(\beta_1\omega + \beta_2\varepsilon)]C'(N) - \frac{\alpha}{\alpha+r}D'(\tilde{N}^*)(\beta_1 E^* + \beta_2 I^*)(d+\omega+\varepsilon)[d+\omega+\beta_1 E^* + \beta_2 I^* + \beta_2\delta\varepsilon/(\beta_1\omega + \beta_2\varepsilon)] + d\delta\varepsilon D(\tilde{N}^*)(\beta_1 E^* + \beta_2 I^*)\beta_2\delta\varepsilon/(\beta_1\omega + \beta_2\varepsilon) > 0 \quad (4-31)$$

所以,由式(4－29)、式(4－30)及式(4－31)可知，$b_1 > 0, b_3 > 0$，$b_1 b_2 - b_3 > 0$,由定理2.6的Routh－Hurwitz判别法可知，Q^*是局部渐近稳定的。

四、模型的持续生存

定理4.3　当$R_0 > 1$时,模型(4－14)关于D是一致持续生存的。

证明:由定理4.2和定理4.3可知,当$R_0 > 1$时,在D内不变集在S轴上的轨线都将沿此轴趋于Q^0,其他从Q^0附近出发的轨线最终将远离Q^0。令$G = \{Q^0\}$,则G是D的边界上最大的紧不变集,且G的稳定集G^s在S轴上,即也在D的边界上,满足D的边界上最大的紧不变集G是孤立的。则由定理2.10可知,当$R_0 > 1$时,模型(4－14)关于D是一致持续生存的。

第三节　模型非零风险平衡点的全局稳定性分析

一、模型周期解是轨道渐近稳定性

定理 4.4　若模型(4－14)有一个非常数周期解为 $p = (S,E,I)$，则 p 是轨道渐近稳定的。

证明：设 p 是模型(4－13)以周期为 ω 的周期解，利用式(2－7)，计算模型 (4－14)在周期解 $p = (S,E,I)$ 处的二阶复合系统 $x' = J^{[2]}(C)x$ 为下列系统：

$$
\begin{cases}
X' = -[D(\tilde{N})(\beta_1 E + \beta_2 I) - \beta_1 SD(N) + \delta + d]X \\
\qquad + [\frac{\alpha}{\alpha + r}D'(\tilde{N})S(\beta_1 E + \beta_2 I) + \beta_2 SD(N)](Y + Z) \\
Y' = \varepsilon X - [D(\tilde{N}) + \frac{\alpha}{\alpha + r}D'(\tilde{N})S(\beta_1 E + \beta_2 I) + \omega + d]Y \\
\qquad - [\frac{\alpha}{\alpha + r}D'(\tilde{N})S(\beta_1 E + \beta_2 I) + \beta_1 SD(\tilde{N})]Z \\
Z' = [D(\tilde{N}) + \frac{\alpha}{\alpha + r}D'(\tilde{N})S(\beta_1 E + \beta_2 I)]Y \\
\qquad + [\frac{\alpha}{\alpha + r}D'(\tilde{N})S(\beta_1 E + \beta_2 I) + \beta_1 SD(\tilde{N}) - \delta - \omega]Z
\end{cases}
\tag{4-32}
$$

其中

$$J^{[2]}(C)=\begin{pmatrix} q_{11} & q_{12} & q_{13} \\ \varepsilon & q_{22} & q_{23} \\ 0 & q_{32} & q_{33} \end{pmatrix} \tag{4-33}$$

$$q_{11}=-D(\tilde{N})(\beta_1 E+\beta_2 I)+\beta_1 SD(\tilde{N})-\delta-d$$

$$q_{12}=\frac{\alpha}{\alpha+r}D'(\tilde{N})S(\beta_1 E+\beta_2 I)+\beta_2 SD(\tilde{N})$$

$$q_{13}=\frac{\alpha}{\alpha+r}D'(\tilde{N})S(\beta_1 E+\beta_2 I)+\beta_2 SD(\tilde{N})$$

$$q_{22}=-D(\tilde{N})-\frac{\alpha}{\alpha+r}D'(\tilde{N})S(\beta_1 E+\beta_2 I)-\omega-d$$

$$q_{23}=-\frac{\alpha}{\alpha+r}D'(\tilde{N})S(\beta_1 E+\beta_2 I)-\beta_1 SD(\tilde{N})$$

$$q_{32}=D(\tilde{N})+\frac{\alpha}{\alpha+r}D'(\tilde{N})S(\beta_1 E+\beta_2 I)$$

$$q_{33}=\frac{\alpha}{\alpha+r}D'(\tilde{N})S(\beta_1 E+\beta_2 I)+\beta_1 SD(\tilde{N})-\delta-\omega$$

显然，$(0,0,0)$ 是系统(4－32)的平衡点。下证系统(4－32)的零解是全局渐近稳定的。

设 (X,Y,Z) 是系统(4－32)的解，考虑 Liapunov 函数，

$$V(X,Y,Z;S,E,I)=\sup\left[\,|X|,\frac{E}{I}(|Y|+|Z|)\right]$$

由定理4.3可知，$\forall\,(X,Y,Z)\in R^3,(S,E,I)\in D$，则 $\exists\,\eta>0$，使得

$$V(X,Y,Z;S,E,I) \geqslant \eta |(X,Y,Z)|$$

由系统(4-32)分别计算 $|X|$、$|Y|$、$|Z|$ 的右上导数,可得

$$\begin{aligned} D^{+}(|X|) \leqslant & -[D(\tilde{N})(\beta_1 E+\beta_2 I)-\beta_1 SD(\tilde{N})+\delta+d]|X| \\ & +[\frac{\alpha}{\alpha+r}D'(\tilde{N})(\beta_1 E+\beta_2 I) \\ & +\beta_2 D(\tilde{N})]\frac{SI}{E}\frac{E}{I}(|Y|+|Z|) \end{aligned} \tag{4-34}$$

$$\begin{aligned} D^{+}(|Y|) \leqslant \varepsilon|X| - \{[D(\tilde{N}) & +\frac{\alpha}{\alpha+r}D'(\tilde{N})S](\beta_1 E+\beta_2 I) \\ & +\omega+d\}|Y| - [\frac{\alpha}{\alpha+r}D'(\tilde{N})(\beta_1 E+\beta_2 I) \\ & +\beta_1 SD(\tilde{N})]|Z| \end{aligned} \tag{4-35}$$

$$\begin{aligned} D^{+}(|Z|) \leqslant & \{[D(\tilde{N})+\frac{\alpha}{\alpha+r}D'(\tilde{N})S](\beta_1 E+\beta_2 I)\}|Y(t)| \\ & +[\frac{\alpha}{\alpha+r}D'(\tilde{N})S(\beta_1 E+\beta_2 I)+\beta_1 SD(\tilde{N})-\delta-\omega]|Z| \end{aligned} \tag{4-36}$$

由式(4-35)及式(4-36)可得

$$\begin{aligned} D^{+}[\frac{E}{I}(|Y|+|Z|)] &= (\frac{E}{I})'(|Y|+|Z|)+\frac{E}{I}D^{+}(|Y|+|Z|) \\ &= \frac{E'I-EI'}{I^2}(|Y|+|Z|) \\ &\quad +\frac{E}{I}[\varepsilon|X|-(\omega+d)|Y|+(\delta+\omega)|Z|] \end{aligned} \tag{4-37}$$

又因为$\delta+\omega=d+\varepsilon+\omega>d+\omega$，所以

$$
\begin{aligned}
D^{+}\left[\frac{E}{I}(|Y|+|Z|)\right] &\leqslant \left(\frac{E'}{E}-\frac{I'}{I}\right)\frac{E}{I}(|Y|+|Z|)+\frac{\varepsilon E}{I}|X| \\
&\quad -(\omega+d)\frac{E}{I}(|Y|+|Z|) \\
&\leqslant \frac{\varepsilon E}{I}|X|+\left(\frac{E'}{E}-\frac{I'}{I}-\omega-d\right)\frac{E}{I}(|Y|+|Z|)
\end{aligned}
\tag{4-38}
$$

情形1　当$|X|\geqslant \frac{E}{I}(|Y|+|Z|)$时，$V=|X|$。

由式(4－34)得

$$
\begin{aligned}
D^{+}V=D^{+}(|X|) &\leqslant -[D(\tilde{N})(\beta_1 E+\beta_2 I)-\beta_1 SD(N)+\delta+d]|X| \\
&\quad -\Big[\frac{\alpha I}{(\alpha+r)E}D'(\tilde{N})S(\beta_1 E+\beta_2 I) \\
&\quad +\beta_2 D(\tilde{N})\frac{SI}{E}\Big]|X|
\end{aligned}
\tag{4-39}
$$

将模型(4－14)中的第二个和第三个方程改写为

$$
\frac{\beta_2 D(\tilde{N})I}{E}=\frac{E'}{E}+\delta-\beta_1 D(\tilde{N})S,\quad \frac{\varepsilon E}{I}=\omega+\frac{I'}{I} \tag{4-40}
$$

将式(4－40)代入式(4－39)，再由式(4－3)得

$$
\begin{aligned}
D^+ V &= D^+ |X| \\
&\leqslant -[D(\tilde{N})(\beta_1 E+\beta_2 I)-\beta_1 SD(N)+\delta+d]\,|X(t)| \\
&\quad +[\frac{\alpha I}{(\alpha+r)E}D'(\tilde{N})S(\beta_1 E+\beta_2 I)+\frac{E'}{E}+\delta-\beta_1 D(\tilde{N})S]\,|X| \\
&=[\frac{E'}{E}-d-D(\tilde{N})(\beta_1 E+\beta_2 I) \\
&\quad +\frac{\alpha I}{(\alpha+r)E}D'(\tilde{N})S(\beta_1 E+\beta_2 I)]\,|X(t)| \\
&\leqslant(\frac{E'}{E}-d)\,|X(t)|=(\frac{E'}{E}-d)V
\end{aligned}
\tag{4-41}
$$

因此

$$
D^+ V\leqslant(\frac{E'}{E}-d)V \tag{4-42}
$$

情形2 当 $|X|<\frac{E}{I}(|Y|+|Z|)$ 时，

$$
V=\frac{E}{I}(|Y|+|Z|)
$$

$$
D^+ V=D^+[\frac{E}{I}(|Y|+|Z|)]\leqslant(\frac{\varepsilon E}{I}+\frac{E'}{E}-\frac{I'}{I}-\omega-d)\frac{E}{I}(|Y|+|Z|) \tag{4-43}
$$

将式(4-43)的第二个式子代入(4-42)，可得

$$
\begin{aligned}
D^{+}V &\leqslant \left(\frac{\varepsilon E}{I}+\frac{E'}{E}+\omega-\frac{\varepsilon E}{I}-\omega-d\right)\frac{E}{I}(|Y|+|Z|) \\
&=\left(\frac{E'}{E}-d\right)\frac{E}{I}(|Y|+|Z|) \\
&=\left(\frac{E'}{E}-d\right)V
\end{aligned}
\tag{4-44}
$$

因此

$$D^{+}V \leqslant \left(\frac{E'}{E}-d\right)V \tag{4-45}$$

由情形1、情形2可得

$$D^{+}V \leqslant \left(\frac{E'}{E}-d\right)V \tag{4-46}$$

又因为

$$\int_0^{\omega}\left(\frac{E'}{E}-d\right)\mathrm{d}t = \ln E\big|_0^{\omega}-d\omega=-d\omega<0$$

所以 $D^{+}V<0$，系统(4－32)的零解是渐近稳定的，由定理2.9可知 p 是轨道渐近稳定的。

二、模型非零风险平衡点的全局稳定性分析

定理4.6　当 $R_0>1$ 时，模型(4－14)的正平衡点 Q^{*} 是全局渐近稳定的。

证明：当 $R_0>1$ 时，除不变集在 S 轴上的轨线沿此轴收敛到 Q^{0} 外，所有

从 D 的边界 ∂D 出发的轨线都进入 D 的内部 $\overset{o}{D}$，下面只需证明 Q^* 吸引 $\overset{o}{D}$ 中所有的点。设 $U \subset \overset{o}{D}$ 是被 Q^* 吸引的点组成的集合，由 Q^* 的局部稳定性可知，U 是 $\overset{o}{D}$ 中的开子集。所以只需证明 $\overset{o}{D} \subset U$。

假设结论不成立，则 U 的边界 ∂U 与 $\overset{o}{D}$ 交集 B 非空。由于 U 及其闭包 $\bar{U}$ 都是不变的，且 U 是开集，故 $\partial U = \bar{U} - U$ 也是不变的，于是 ∂U 与 $\overset{o}{D}$ 的交集 B 也是正向不变的，因此，B 包含一个非空的紧的 ω 极限集 $\tilde{\Omega}$。由于模型(4－14)是一致持久的，$\tilde{\Omega} \cap \partial D$ 必是空集，且不含平衡点。由定理 4.4 可知，$\tilde{\Omega}$ 是闭轨且是轨道渐近稳定的，而 $\tilde{\Omega}$ 包含 U 中轨线的 α 极限集，所以矛盾。因此，$\overset{o}{D} \subset U$，则有 $U = \overset{o}{D}$，即 Q^* 吸引 $\tilde{\Omega}$ 中所有的点。所以，当 $R_0 > 1$ 时，正平衡点 Q^* 是全局渐近稳定的。

根据极限系统理论的定理 2.8 及引理 4.2，可得下列定理。

定理 4.7　当 $R_0 > 1$ 时，模型(4－14)的非零风险平衡点 P^* 是全局渐近稳定的。

第四节　风险传染阈值的影响因素分析及模拟仿真

一、风险传染阈值的影响因素分析

由上述讨论可知，当 $R_0 \leqslant 1$ 时，风险将逐渐消失；当 $R_0 > 1$ 时，风险呈现流行态势，形成系统性风险。因此，风险蔓延与否完全由阈值 R_0 决定，阈值越小越有利于风险的消除和控制。风险在潜伏期的传染力越小，即模型中

β_1 的值越小，则由 R_0 定义，可知阈值越小，越有利于风险的消除。反之，风险在潜伏期的传染力越大，即模型中 β_1 的值越大，阈值就越大，越不利于风险的消除和控制。因此，通过对模型的讨论，揭示了潜伏期传染对风险蔓延趋势的影响。对于潜伏期有传染力的模型，不但要控制潜伏期金融市场的传染力，而且要提高金融机构的恢复率，只有这样才能有效控制风险的蔓延。

二、模拟仿真

通过上述讨论，已经知道模型（4－1）的动力学性态。影响疾病的因素是潜伏期病人的传染力 β_1，其使得阈值 $R_0 \leqslant 1$。因此，下面选取适当的参数，使其满足引理4.2，利用 MATLAB 软件，绘制出轨线图。

取 $C(\tilde{N}) = \beta\tilde{N}$，$\beta > 0$，记 $\tilde{\beta}_1 = \beta_1\beta$，$\tilde{\beta}_2 = \beta_2\beta$。

模型（4－14）化为

$$\begin{cases} S' = A - (\tilde{\beta}_1 E + \tilde{\beta}_2 I)S - dS \\ E' = (\tilde{\beta}_1 E + \tilde{\beta}_2 I)S - (d+\varepsilon)E \\ I' = \varepsilon E - (d+\alpha)I \\ \tilde{N} = \dfrac{\alpha}{\alpha + r}(S + E + I) \end{cases} \tag{4-47}$$

下面取参数，其中 $A = 2$，$\tilde{\beta}_1 = 0.001$，$\tilde{\beta}_2 = 0.002$，$\alpha = 0.1$，$\varepsilon = 0.2$，$d = 0.001$，$r = 0.5$。

则模型（4－47）化为：

$$\begin{cases} S' = 2 - (0.001E + 0.002I)S - 0.001S \\ E' = (0.001E + 0.002I)S - 0.201E \\ I' = 0.2E - 0.101I \\ \tilde{N} = \dfrac{1}{6}(S + E + I) \end{cases} \tag{4-48}$$

利用 MATLAB 模拟模型(4－48)的轨线图,当 $R_0 = 0.1268$ 时,分别选取初值为(400,500,100),(600,200,200),(700,200,100)。

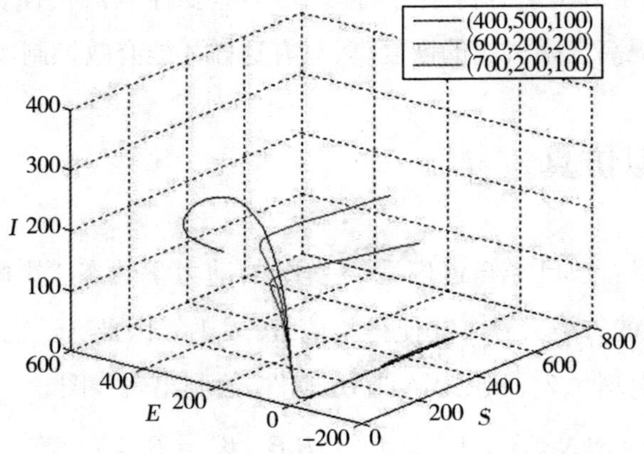

图 4－2　模型(4－48)轨线图

通过 MATLAB 软件,绘制出模型(4－48)的轨线图,验证了引理 4.2,使得理论分析达到了直观的效果。

第五章　金融风险传染机制、影响因素与渠道分析

随着世界经济、金融一体化的日益深化，金融传染效应也不断扩大。总体来说，当今国际金融风险的传染效应主要有以下四种效应：一是外溢效应，是指影响超越地域或发源地本身范围而向周边扩散，呈现中心向周边辐射的状态，是常见的一种传染方式；二是纽带传导效应，是被传染国与传染国之间存在高度依存关系和密切的经济纽带关系；三是板块联动效应，是在某种共同的无边界属性国家与地区之间划分为板块，传染在板块内扩散；四是传递扩散效应，这主要是指两国无直接的经济联系，但有共同文化背景等因素产生的传染。另外，因国际投资资金组合的板块划分，不同地域组被划归为同类板块的国家受到了影响。在特别大规模资金的投资组合中，将某一类发展中国家或新兴市场国家的资产划分为不同板块的操作，使风险传染和危机的传递成为越来越常见的现象。在当今的国际金融传染中，有时很难确切地区分上述金融风险的传染效应属于哪一种类型，而且有时是几种途径的共同作用。但无论是哪一种传染效应，它的传递媒介基本上都是通过汇率和利率作用使公众的预期归一化，形成预期序参量，使金融系统的负反馈机制弱化。

第一节　金融风险传染机制分析

金融风险传染效应是金融危机在国际金融市场上的一种扩散现象。一个国家产生的金融危机可能导致周边其他国家也产生金融危机，其具有传染性。传染性是金融市场风险的一个重要特征，其破坏性特别强，严重的会导致金融系统产生危机。金融风险传染效应是指一个国家的金融危机以“多米诺骨牌效应”扩展到其他国家。一国发生的金融危机是另一国金融危机爆发的导火索，换言之，若没有他国的金融危机，这个国家原本是不会发生金融危机的。

现代世界经济发展的一个最重要的趋势就是各国经济和金融正加速朝着一体化、国际化的方向发展,金融开放成了热门词汇。金融开放是指在历史潮流的推动下,各国实施对外开放的金融政策,放松外汇管制,解除对国际资本流动的限制,促使本国金融市场实现国际化。同时,它也是金融风险传染加速的原因。那么,从金融风险的产生原因来看,可归纳为三个基本的因素,即技术性因素、心理性因素和制度性因素。技术性因素的表现形式是信息的不完备,心理性因素的表现形式是精神和意识,制度性因素的表现形式是实质经济与货币金融的分离。这些因素影响了金融风险传染的具体过程。风险传染机制揭示了风险传染的手段、渠道、方式及其内在机制,一些学者将金融风险传染机制分为直接传染和间接传染两种机制。金融机构间的直接传染是指一旦某个金融机构破产,与该金融机构存在直接关系的其他金融机构将遭遇债务的违约损失,从而导致破产危机的进一步蔓延;间接传染则包括除了直接传染之外的其他传染机制,主要由市场信心的缺失和资产价格的螺旋下降等因素引发。接下来,本书对金融风险传染机制进行深入细致的分析。

一、关联传染机制

金融活动最主要的表现就是金融各个主体的融资行为,信用关系双方构成债券债务关系。一旦这种关系崩塌,必将导致信用关系双方各自资产的大幅度波动。如果信用关系是一个庞大信用体系中的一环,波动将以“多米诺骨牌”的形式对整个金融系统产生极其严重的冲击。金融各个主体关联性较大,风险状况以及流动性冲击导致的金融风险会直接传染。一旦出现金融风险,它就会马上扩散蔓延,对实体经济造成极其严重的破坏。以房地产行业为例,房地产行业的关联产业众多,例如建筑业、相关制造业、电力煤气自来水供应业等,因而房价下跌会波及较多产业。流动性风险产生的原因有两方面:一方面,流动性需求上升,利率上升,企业借债成本上升,偿债能力下降,信用风险上升;另一方面,由于不良资产对资本的损耗,银行的资本充足率也可能面临监管红线,银行为满足监管的资本充足率要求,会依次折价卖出流动性资产、非流动性资产,相关底层资产的价值将面临下跌风险,而底层资产的价值下跌会导致债券质押、股票质押等质押品价值的下跌,又进一步加剧流动性风险。

关联传染机制体现在1997年亚洲金融危机发生后,全球股市呈现更大的相关性,这意味着现在新兴市场一旦发生危机,各股市会同样呈现密切的联系。但是,过去加快金融风险传染效应的一些条件已不那么明显,而且金融市场已经大幅降低了新兴市场资产的价格。金融风险传染效应被视为20世纪90年代新兴市场危机的起因之一。这意味着新兴市场一旦发生危机,这一现象会再次出现,但目前尚不明确当前宏观经济形势是否会引发这种大范围的危机。2008年全球金融危机之后,金融风险传染效应更是受到各方的关注。2008年全球金融危机以后,区域性金融风险的传染效应更强,这归因于财政政策刺激导致的投资过剩和产能过剩,进而暴露风险。2008年的金融危机给美国的商业银行等金融机构带来了巨大的负面影响,同时它的系统性风险暴露得更加明显,受金融危机的影响,美国的金融市场秩序被扰乱,对银行业健康稳定发展构成了极大的威胁。2000年美国的互联网泡沫破灭,相当于一个非金融的实体行业出了问题。这个事件造成的冲击是非常小的,整个经济很快就恢复了,基本也没有影响到其他行业。然而2008年的金融危机影响面非常大,不仅从美国国内传播到全世界,而且影响也非常深远,很多国家用了很多年才慢慢恢复。这就意味着金融行业和其他行业不一样,金融行业发生风险对整个经济的影响是非常大的。

金融风险传染效应主要从国家间的关联角度出发,解释金融危机的发生。全球一体化以及区域一体化的不断加强(特别是后者),使区域内国家之间经济依存度逐渐升高,危机将首先在经济依存度高的国家之间扩散。一国发生金融危机会给出一定的市场信号,会增强投资者对与其经济依存度高或者与其经济特征相类似国家的货币的信心,加大这些国家危机发生的可能性,甚至导致完全意义上的自我实现的危机的发生。某些经济学家认为,在金融市场中存在着大规模的市场操纵,不论是在由理性预期导致的自我实现的危机还是非理性的羊群行为造成的危机中,都存在着大投机者操纵市场从而获利的可能,大投机者利用羊群行为使热钱剧增,加速了危机的爆发,加剧了危机的深度与危害。

二、违约相关传染机制

违约相关传染机制源于信用风险中的违约相关,信用风险中违约相关研究对于信用组合风险管理和信用衍生品定价有很强的理论与实践价值。在贷款组合中,也会出现违约传染。

2008 年爆发的金融危机是一个典型的违约相关传染的实例。2006 年,美国住房抵押贷款的违约率开始大幅度上升,反映了次贷资产质量的恶化。实际上,次贷资产本身的市场规模有限,但是次贷资产被多次证券化后风险放大,以次贷为基础的相关联的金融产品风险逐步暴露出来,违约事件彼此作用而发生共同违约,导致金融市场上投资者行为和情绪发生大幅度的逆转,次贷引发的风险连锁反应,使风险不断扩大,并在美国金融市场蔓延。经验表明,一般金融机构的违约并不仅仅由金融机构内部消化,而是会通过各种经济联系对其他金融机构造成影响。在经济环境中常常出现金融机构繁荣或危机的聚集现象。这样的形式也常常表现在违约行为上,金融机构之间有着密切的业务往来,因此传染性极强,其中一个金融机构出现了问题,就会立刻蔓延并传染到另一个金融机构。一个金融机构违约也会造成与之相关的金融机构相继违约,或者说使这些相关金融机构遭受损失,从而增大违约的概率。

目前,金融机构间的同业网络变得复杂,不但增加了金融体系的脆弱性,让本来只会影响个别金融机构的风险波及整个融资链条上所有的金融机构,而且风险一旦爆发,风险传染的网络复杂度难以估计。2018 年 3 月中国多起上市公司债券违约事件引发市场的广泛关注。对投资者而言,不仅要了解自己投资组合中的各个公司的违约概率,还要知道一家或多家公司的违约是如何增加其他公司违约可能性的,也就是违约相关性。那么,随着经济全球化、金融一体化的不断加深,企业的融资结构、融资渠道也会不断发生变化,进而导致社会不良资产的巨幅增加,最终导致违约风险传染概率的提升,违约风险相关传染可能导致金融危机的发生。大量金融机构破产或处于不稳定的状态也是金融体系风险中最基本的一种,在金融一体化状态下,这种风险的症状尤为明显。金融机构不稳定的突出表现是储蓄者心态不稳，随时存在挤兑的可能，同时短期融资市场中利率急剧上升，影响金融机构的融资能力。在不稳定的状态下，银行大幅收缩对实质经济的支持。

三、国际经济传染机制

经济一体化的必然过程就是金融全球化，而金融全球化必然会导致金融风险传染趋势蔓延，同时也加剧了金融体系的脆弱性。金融全球化一方面使传统的金融风险扩大，另一方面又形成了风险传染的机制——国际经济传染机制，主要受汇率、短期资本流动、国际经济调节因素的影响。20 世纪 70 年代以来，随着通货膨胀的不断加剧，以及利率、汇率波动幅度的增大，发达国家的金融中介机构强烈地感觉到资产价格变化给金融活动带来的风险，从而产生了对价格风险转移创新的需求。20 世纪 70 年代后期，在国际信贷市场上出现的高利率大大增加了用传统方式进行交易的流动性的机会成本，因而要求用新的技术来提供交易的流动性。20 世纪 80 年代初发展中国家发生债务危机。主权国家或地区的债务违约和信用危机是指一个国家或地区的政府或受到政府担保的大型金融机构和企业无法满足国外债权人提出的兑付要求而出现的危机。债务违约是金融开放中最普遍的现象，例如 20 世纪 80 年代拉美国家债务危机，20 世纪 90 年代俄罗斯的金融危机等。本国货币对国际储备货币急剧贬值有两层含义：一是贬值的幅度巨大且时间很短，如墨西哥金融危机中，墨西哥比索对美元的汇率在短短 3 个月中贬值幅度超过 50%；亚洲金融危机中，马来西亚、韩国、泰国、菲律宾等国家的货币在 6 个月的时间内对美元的贬值幅度达到 30% ~60%；拉美国家债务危机中阿根廷、巴西、乌拉圭、智利、哥伦比亚和委内瑞拉等国家的货币对美元的贬值幅度已达 20% ~70%。二是贬值的非意愿性和伤害性，即贬值并不是为了增加出口的需要，而是表现出一种信心恐慌，对贸易、投资等实质经济活动造成极大伤害。

第二节　金融风险传染影响因素分析

一、金融市场自身的波动性

金融市场和其他市场一样，由供给和需求两方面力量决定交易数量与价格的均衡。在其他条件不变的情况下，供给量大于需求量则价格降低，供给量小于需求量则价格上升，供给量与需求量相当时才能形成稳定的均衡价格。在资金市场中，在资金的供给和需求两方面力量的作用下，形成均衡的利率和货币资金的数量；在外汇市场中，在外汇的供给和需求两方面力量的作用下，形成均衡的外汇比价和交易量。均衡价格的形成过程，就是价格和交易量的变动与调整过程。但是，均衡状态是暂时的、特殊的情况，市场上的供给与需求受各方面因素的影响，处于经常性的变动和调整状态中，因而市场价格也必然随时随地发生变化。这种经常性的价格调整，是任何市场上都存在的现象，是市场经济的固有属性。市场机制就是要通过价格波动来实现对经济运行和资源分配的调节。只要市场是竞争性市场，交易者不能左右市场价格，那么价格的变动就会给市场交易者带来风险，即市场风险，这在任何市场上都是一样的，不同的只是具体的表现形式。

金融市场自身的波动性主要表现为金融资产价格的波动，金融资产价格大幅下跌主要是指股票、债券及其他有价证券的价格在短期内大幅下降。如墨西哥金融危机时，证券交易所的股价指数以美元计跌幅高达64%；亚洲金融危机中，中国香港恒生指数一年内从16 000点下跌到近7 000点，新加坡、马来西亚、韩国、印度尼西亚、泰国的股票市场在半年内的跌幅也高达25%～60%，如果以美元计算，则跌幅更高得惊人。不动产价格的下跌主要是指房地产价格的下降,大量房屋闲置。在亚洲金融危机中,中国香港和新加坡的房产平均价格在一年内都下跌了40%左右。

资金市场的交易对象是各种长短期借贷资金,交易的价格表现为利率。商业银行是资金市场的主要交易者,它广泛地吸收社会存款再贷放给工商企业或消费者,贷款利率一般高于存款利率,存、贷款利率一般根据市场情况发生变动,存款和贷款利息的差额就是银行利润。在竞争性的资金市场上,银行与存款者及贷款者在进行存、贷款交易时依据的是当时市场的均衡利率,而交易完成后,市场利率可能会发生变动,从而给交易者造成风险。银行在吸收存款之后,必须尽快贷出,如不能及时贷出,利率下降时银行受损,利率上升时则银行受益。对存、贷款者而言,利率上升,则存款者受益、贷款者受损;利率下降,则存款者受损而贷款者受益,这就是利率风险。

外汇市场的交易对象是各种外币资金,交易的价格表现为汇率。外汇银行和进口商、出口商是外汇市场的主要参与者。进口商需要购买外汇,出口商需要出售外汇,外汇银行既收购外汇又出售外汇,从中赚取差价。在竞争性的市场上,外汇的买卖价格是由市场力量决定的,交易者只能按照市场均衡价格来买卖,卖出价一般稍高于买入价,差额部分是外汇银行的利润。外汇银行在买进一定量的某种外汇之后,如不能及时加价卖出,汇价下降时则银行受损,汇价上升时则银行受益。进口商在买入外汇后,汇价上升则其受益;在买入外汇后,汇价下降或在汇价上升前没有及时买入,则其遭受损失。出口商在汇价下降前或汇价上升后卖出外汇则受益,在汇价下降后或汇价上升前卖出外汇则受损,这就是汇率风险。

在证券市场和金融衍生品市场上,市场价格波动引起的风险就表现得更为明显了。证券和金融衍生品市场价格的变动直接决定了交易者的收益和损失。由于该类市场的商品是虚拟资本或虚拟商品,也由于大量投机资本的参与,市场的波动性在这里被充分地甚至是夸张地表现出来。金融机构需要持有大量的有价证券作为流动性准备,但在信用恶化时,证券价格往往大幅度下降,从而使其不仅遭受证券价格风险损失,而且引起流动性风险和信用风险。特别是在期货等金融衍生品市场上,交易者只交付少量的保证金就可以从事巨额交易,由此引起的巨额损益也完全取决于市场价格的变动,交易者似乎是在利用市场的波动性进行赌博。显而易见,市场经济固有的波动性是金融风险的一个重要根源。

二、金融伦理的缺失

金融伦理是在不确定性环境下,金融关系与伦理关系融合而成的一种伦理形态,是金融交易系统中的价值观体系、伦理标准和道德规范。现代市场经济体系金融化,金融交易具有的技术性、跨期性和高风险性,从这个意义来说,金融伦理作为解决金融这个特定领域具体利益冲突问题的伦理准则和道德规范,是社会伦理体系中一种特殊的伦理形态。可以说,一个健全和稳定的金融体系的基础是符合人性的伦理体系。金融伦理是治理和调节金融系统内部的利益关系、金融资源、风险分配,以及其与经济、社会、人的自由发展之间关系的道德原则和规范。作为特定领域的一种特殊伦理形态,要运用伦理学的方法和目的探讨金融系统中具体的伦理道德问题,开发出调整金融活动利益关系与伦理标准的方法,制定适当的政策,以应用于具体的金融实践。金融伦理所求解的问题是:确定内生于社会经济系统又对社会经济发展起先导作用的现代金融体系的价值理念、道德准则和道德规范,其目的是揭去金融表面的技术工具"面纱",揭示不确定性条件下金融体系的内外关系,构建金融自身、金融与社会之间更合理且更有利于人全面发展的金融新秩序。

金融伦理是依靠社会舆论、人们内心信念和风俗习惯协调与控制金融体系内部各利益主体之间以及金融与社会之间的伦理关系的原则和规范。它包含以下四层含义:第一,它是一套原则和规范。它指明金融制度设计、金融市场运行、金融机构治理应当遵循什么原则,金融个体什么应当做、什么不该做。第二,它是一套客观和主观统一的原则和规范。客观是指这套原则源于金融体系内外部实际存在的关系,如金融制度涉及的权利义务主体、金融市场的交易主体、金融机构的股东、利益相关者、金融从业人员之间的关系,而不是从外部植入。这套原则应该是渗透着主体精神和主体意志的自觉建构,而不是纯粹的经验事实的罗列,而且它必须内化为主体的德行和社会的风尚。第三,它是一种非强制性的调节手段,虽然金融制度具有一定强制性,但其作用的大小最终取决于制度本身蕴含的道德合理性,以及个体和整个社会对它的认同程度。第四，它的价值指向是形成合理的金融伦理秩序。

由此看来，现代市场经济体系的金融化以及金融交易的技术性、跨期性和高风险性，使这种源于社会信用的金融体系最直接地要求市场经济规则与人类道德法则达到完全融合。这种融合是市场经济最典型的物质象征（资源和风险分配）和人类文明的道德法则（文明精神）的有机统一体，或者说是“最物质的”与“最精神的”的统一体。从这个意义上来说，金融伦理可作为解决金融这个特定领域中的具体利益冲突问题的伦理原则和道德规范，是社会伦理体系中一种特殊的伦理形态。相反，如果金融伦理缺失势必会引发金融风险。

三、经济虚拟化

经济虚拟化对经济发展来说有利也有弊。从有利方面来看，证券市场提供了资金自由融通的理想场所，为企业融取资金和投资者进行投资提供了方便，提高了资金使用效率，促进了资本集中和经济资源的有效配置。期货和期权市场为从事生产、贸易和投资的企业提供了转移风险、进行保值的手段，有利于企业稳定经营。可见，在一定时期内虚拟经济的存在是有利于经济发展的。但是，经济虚拟化常常引发过度投机、金融风险和大量资本在博弈中浪费等问题，泡沫经济的破灭往往造成巨额财产的损失，并可能引发连锁反应，对信用、流通和生产造成伤害。从虚拟资本和现实资本的关系上看，在特殊情况下，虚拟资本数量与价格的变化可能会反映出现实资本数量与价值的变化；但在通常情况下，虚拟资本的运动不能正确反映现实资本的运动，虚拟资本数量与价格的变动幅度和频繁程度要远远大于现实资本。以日本为例，1985—1987 年东京证券交易所的成交额由 183 万亿日元上升到 326 万亿日元，同期，私人地产交易额从 742 万亿日元增长到 1 218 万亿日元。1986 年日本电报电话公司的股票价格已经相当于该企业收益的 300 倍以上，御苑和皇居的地价甚至超过了美国整个加利福尼亚州的地价，泡沫经济的急剧膨胀是日本东京股市暴跌的直接原因。随着全球经济的迅猛发展，国际金融领域出现了虚拟资本数量急剧增长、虚拟资本表现形式增多、经济虚拟化程度加强的情况，原因主要有以下三点：

(一)工商企业和金融机构大规模发行债券

工商企业和金融机构为扩大生产和扩张业务，越来越重视通过发行债券筹措资金，债券融资已取代银行贷款成为最重要的融资方式。一些大的金融机构和跨国公司还发行了大量的大额可转让存单和短期商业票据，公司债券市场高度膨胀，债券交易非常活跃。同时，一些西方国家大力推行赤字财政政策，并主要依靠发行债券来弥补财政赤字，使政府债券的数量空前膨胀。同时，公开市场业务是西方国家调控金融市场的常用手段，政府债券也是投资者的重要投资工具，政府债券的交易量十分巨大且仍在增长。随着股份公司成为稳定的现代企业组织形式，西方国家原来的许多家族式企业和合伙企业逐渐转变成股份制企业，新建企业普遍采取股份制方式，原有的股份制企业也不断增招大量新股，公司股票已经彻底分散化和社会化，股票交易量巨大。

(二)金融衍生工具市场发展迅速

20 世纪 70 年代以来，金融衍生工具市场发展迅速，在商品期货市场继续发展的同时，国债期货、外汇期货、股价指数期货、货币期权与掉期交易等金融衍生品纷纷产生并迅速发展，交易额十分巨大，对金融市场有强大的影响。金融衍生品均是人为的、虚拟的商品，其价值是预期收益的资本化，金融衍生品的交易大多是博弈性交易，与实际商品的生产和贸易毫无关系，是典型的虚拟资本交易。随着虚拟资本的迅猛发展，大批的投资公司、证券公司、共同基金等各种经营虚拟资本的金融机构如雨后春笋般地产生，原来的商业银行也纷纷涉足证券及其衍生商品市场，整个金融业规模扩大，机构众多，交易活跃，控制着巨额资本，对整个国民经济产生重大影响，其在国民生产总值中占很大比例，在国民经济中也渗透了虚拟资本的影响。

（三）投机资本涌入商品市场

除了以上两点原因外，还有相当一部分投机资本涌入商品市场和生产领域，抬高某些特殊商品如土地、房产、工艺品的价格，转包某些生产项目和生产过程，从而造成这些商品价格和生产费用的虚拟，进一步扩大了经济虚拟化的范围和程度。虚拟资本数量的急剧增长和经济虚拟化的发展，是经济高度发达、高度成熟的必然结果。经济高度发达和成熟之后，一方面，经济增长率一般会降低，各行业竞争激烈，市场饱和，投资、生产和销售困难，产业资本利润回报率降低，一部分产业资本成为过剩资本，从各生产及贸易领域退出，从事短期金融投机活动；另一方面，居民长期积累了一定的财富要进行投资活动，从整个社会来看，居民投资的总额是相当巨大的。

由于纯金融资产虚拟的价值不受现实商品价值量的约束，金融资产价值量的变动幅度可能会相当大，这就造成了金融风险。经济的虚拟化是现代经济发展中最引人注目的现象。虚拟资本是和现实资本相对而言的。在现实经济生活中发挥职能的资本，是真正存在的资本，它表现为货币资本、生产资本、商品资本等形式。虚拟资本则不同，它往往以有价证券的形式表现出来，它并不是真正存在的资本，而是虚假的、幻想的资本。虚拟资本本身没有价值，也不能作为价值符号，更不能在生产过程中发挥作用，只是在它的所有者看来，它能够带来收入，似乎就是资本。但从实质上说，它并不是资本，只是未来预期收益的资本化。

四、国际金融市场的金融创新活动

金融创新是一个集合名词，是指金融领域内部通过各种要素的重新组合和创造性变革所创造或引进的新事物。它既是指国际金融市场范围的拓展和市场形态的创新，也是指资金融通和金融中介的技术创新，还是指金融交易工具和金融服务品种的创新。同时，金融创新还是一个动态的广义概念，它伴随着金融发展的全过程，而且金融创新也不是一个国家特有的现象，而是出现于各国和世界范围之内的。金融创新的表现是丰富多样的，其中既有历史上各种货币和信用形式的创新以及货币信用制度、宏观管理制度的创新,又有金融机构组织和经营管理上的创新以及金融业结构的历次创新,还有金融工具、交易方式、操作技术、服务种类和金融市场等业务上的各种创新,还有当代以金融电子化为代表的大规模、全方位的金融创新等。

国际金融市场的金融创新活动始于20世纪60年代,20世纪80年代以来进入一个席卷全球、迅猛发展的时期,极大地推进了国际金融市场的扩张进程,几乎在世界经济的各个领域都产生了巨大影响。简而言之,这一金融创新浪潮是对国际金融市场及国际经济环境剧烈变动的反应,在某种程度上也对以上的波动起到了推波助澜的不良反应。它既是对金融管制手段的逃避,也提出了对强化金融监管的新要求;它既是对新兴交易手段、通信技术的应用,也促进了金融交易手段与技术现代化程度的提高。这一浪潮自身已形成一个后浪推前浪的态势。可以说,20世纪70年代以来的国际金融市场的发展史就是金融创新的发展史。这些因素从不同的角度促成了金融创新的产生和发展。从国际金融的角度考量,金融创新主要是指金融工具创新和包括金融工具运作的金融中介发生意义深远的重大变化。国际金融市场金融创新活动中的投机力量是金融风险传染的诱因,金融创新浪潮使各种新的金融产品(包括各种有价证券)不断出现,从而促进了各国证券市场的蓬勃发展。而国内证券市场的发展与扩张和证券国际化发展的相对同步性,使国际资本流动日益证券化、虚拟化,从而营造了一个真正自由放任、高速运转、极不稳定的国际金融市场。这个市场的结构并不是所谓的自由和公平竞争的市场结构,而是一个名副其实的垄断竞争市场,其垄断程度要远远高于国际商品和服务贸易市场及其他国际要素市场。在这个市场上最大的也是核心的行为主体便是当今全球资本运动的实质。

那种将金融创新活动中暴露的负面影响完全归因于市场投机因素的做法是不严肃的,也是不科学的。在有限的范围内,投机力量的存在对市场价格发现与传播、市场风险的转移、市场流动性的提高都是不可缺少的,其作用是利大于弊的。只有在投机操作过度的情况下,其影响才是弊大于利的,是需要严格控制的。金融创新活动的负面影响是与上述正面影响紧密联系的。金融创新市场上的金融衍生工具的特点用一字概括就是“新”,这既是它的生命力所在,又蕴含了它的风险性,其具有的杠杆效应是双向的,它可以使收益扩大,也可以使损失放大,而金融创新市场“先集中风险、再分割与重新分配风险”的运作方式,又会使单一的金融交易损失事件产生扩张与扩散效应,从而导致一系列不良连锁反应。银行以表外业务分散国际监管压力的做法,及金融创新市场以自律管理为主的制度,都使金融创新活动缺乏有效的监管与调控,增加产生风险的可能性。同时,也对金融监管的改善提出新的要求。

五、金融全球化

全球化是一个包含贸易流、资金流、信息流以及人口流动在内的多维度的经济现象。作为人类历史的一部分,全球化在人类有历史记录以来早已有之,只是在20世纪90年代才被人们关注,并用全球化或一体化等名词加以概括。全球化水平取决于人类经济活动的规模和技术发展的程度。随着工业革命的产生和交通运输成本的大幅度降低,人类才开始突破技术障碍,并开始走向大规模的一体化道路。全球经济一体化是第二次世界大战后全球经济领域最引人注目的趋势,主要表现为市场一体化、生产一体化和金融一体化。经济全球化对一个国家来说,其核心意义在于其整个经济的运行已经被融于世界经济中,各国的宏观调控越来越多地需要考虑来自国际经济的外部影响。在金融全球化成为一种必然趋势、金融全球化利益与风险并存的背景下,发展中国家不可能走金融封闭的道路,而只能在开放的战略上进行选择。金融全球化实质上是金融资本向全世界扩张而形成的。金融全球化的过程一方面使发达国家自身的金融结构发生变化,另一方面也使发达国家高层次的金融结构逐渐渗透到发展中国家。金融结构的变化必然影响货币政策工具的作用过程,也使国内的货币政策因跨国金融机构的大量存在而削弱了效果,因为跨国金融机构有条件在国际市场的范围内调节资产负债表,而不一定按一国中央银行的政策意图来改变贷款规模。金融全球化导致资本跨国流动更方便、更自由,从而可通过利率和汇率机制的共同作用,使一国的货币政策越来越受到国际资本流动的影响,或者受到其他国家货币政策的影响。金融全球化与国家宏观经济稳定,全球资本流动对一国宏观经济失衡的影响程度下降,资本流动的风险由宏观经济领域转向金融市场领域,资本持续流入在推动金融深化、扩大金融市场规模、提高金融市场效率的同时,也带来了金融体系波动性上升、金融市场动荡频繁爆发等一系列问题。因此,金融全球化给一些国家带来了风险,也被视为金融风险传染的动因。

(一)金融全球化加剧了信息的不完全性和不对称性

金融全球化加剧了信息的不完全性和不对称性,金融全球化实际上也是金融制度的一种变迁。这种变迁是全球经济一体化的必然过程,针对其发生的机制已做过简单的讨论。然而作为一种制度的变迁,金融全球化必然对金融风险产生影响,因为金融全球化使一国经济和金融体系中的不确定性增加,同时也加剧了传统金融体系的脆弱性。资本的跨国流动、金融机构的跨国服务、厂商的跨国投资都是建立在高度发达的现代通信技术基础上的。在理论上,现代通信技术已经可以使全球范围内的金融交易在瞬时完成。然而事实上,在一国内搜寻信息的成本要远远低于在全球范围内搜寻信息的成本。因为一国内存在着相同的金融法律制度、信息披露制度、会计和资信评估准则,且不存在语言和文化背景的障碍,所以信息获得较为方便。而在金融全球化的状态下,由于政治、法律、经济统计、文化背景等各项差异,所以资本流出国往往难以了解资本在接受国的实际使用情况,而资本接受国也往往难以了解资本流出的真实意图,无法准确地区分投资资本和投机资本。特别对于发展中国家而言,在信息对称性方面居于明显的劣势地位。因为发达国家和大型跨国公司拥有较强的信息搜寻技术,能够承担较高的信息搜寻成本,而发展中国家往往是发达国家信息传播的接受者,两者在信息的时效性和信息的真实性方面存在显著的差异。信息的这种国际性不对称使发展中国家的金融政策频频失误,无法应付以发达国家投机资本为主体的国际短期资本的冲击。

(二)金融全球化加剧了金融体制的脆弱性

第一,金融全球化延长了支付系统的链条。在货币经济的条件下,整个金融系统事实上是一个紧密的链条,链条两端分别连接储蓄者和投资者。链条则是由一连串金融机构组成的。这些金融机构通过资金清算、资金融通、信用担保等一系列金融活动紧密地联系在一起,链条中任何一个环节的断裂都有可能通过传递机制而中断整个链条运转,从而引起连锁性的风险事故。在各国普遍实施国际化政策后,金融机构的资本来源和运用、资金的清算和信用的评估及担保都成为一种全球性活动,这就意味着原本由国内金融机构组成的链条延伸到国际范围。链条越长,其中的某一个环节中断的概率也就越大,产生连锁性风险事故的概率也就越大。而发展中国家是整个链条中最薄弱的一个环节,一旦出现支付系统的危机,金融机构的规模、资产质量和融资能力是决定其能否战胜危机的关键性因素。在这些方面,发展中国家金融机构显然难以同发达国家的金融机构相比。因此,在全球性的金融风险中,发展中国家的政府和金融机构往往成为最大的受害者。

第三节　金融风险传染渠道分析

在当代国际金融领域中,我们看到的是,金融资本资源的全球配置,金融组织空前整合,新型金融产品骤然猛增,国际间接投资狂潮迭起。国际金融市场的空前裂变,导致国际间接投资超前而超大规模地发展。当前国际间接投资的膨胀,潜伏着巨大的金融风险。其风险性因发达国家、新兴市场经济国家、发展中国家金融市场机制的完善程度而逐级变化。在金融全球化的今天,发展中国家对其接纳程度,也因各国经济总量与金融总量各异而逐级变化。由此决定发展中国家亦应顺梯级严密防范其风险,逆梯级大力调整其规模。当今的世界是一个相互依存的世界。由一个发展中国家货币大幅度贬值而引发的亚洲金融危机、拉美国家债务危机,不仅对本地区产生了巨大的冲击和破坏,而且还对欧美等发达国家的金融市场和经济产生了巨大影响。因此,有必要认真思考、研究金融全球化给各国带来的影响,尤其是国际金融市场风险传染及其内在的机制、动因,并探讨金融风险传染渠道,这具有现实意义。20 世纪 90 年代以来,全球金融市场一体化程度大大提高,成为金融全球化最引人注目的--个方面。西方经济理论与金融全球化的另一个重要的联系,表现在发展中国家以西方理论为基础建立起市场化的宏观调控机制后,国与国之间的货币政策相关性就进一步从发达国家扩展至发展中国家,比如利率水平的国际传递也一定会从发达国家扩展至发展中国家,如果这种传递受阻,市场机制就会以一种资金流动扭曲的形式表现出来,最终导致金融风险传染蔓延趋势加速。

从 2008 年美国的金融危机来看,从金融危机到经济衰退的传导渠道有了新发展。美国金融危机引发的国际金融危机已严重打击了实体经济,整个金融体系遭受了极大的冲击,一些发达国家和地区的经济已逐渐衰退,金融机构盈利下降甚至破产。一般来说,金融危机对实体经济的冲击渠道主要包括:一是融资渠道,由于金融体系发生重大紊乱,企业与居民的借贷和融资活动受阻,无法实现正常的投资与消费活动;二是信心渠道,危机使得整个市场观望情绪浓厚,投资者的现金用以应付不时之需,生产者接不到订单,经济运行逐步萎缩;三是财富效应渠道,房价大幅度下跌、股票市场深度调整和失业率大幅攀升,都使现实收入增长急剧降低,负财富效应下,消费者开始节衣缩食,经济活动更趋停滞。在这次金融危机中,从金融危机到经济衰退的传导渠道又有了新的发展。

一、国际资本流动渠道

国际资本流动的不稳定性、市场的一体化以及金融市场信息传播不对称(高度不平等),使得国际金融动荡的“蝴蝶效应”和“探戈效应”大大增强,局部的风吹草动往往会引起连锁反应,导致国际金融市场的交叉感染日益显著。这种与私人资本有关的交叉感染效果一般通过四种渠道发生:第一,交易安排和汇率压力导致金融市场的动荡与交叉感染。第二,存在一个“警示”现象,即一国货币的崩溃将改变投资者关于其他国家经济基础的预期。第三,机构投资者的群体性行为导致有不同经济基础的国家出现共同的结果。第四,在杠杆投资者被要求追加保证金且信息不对称的情况下,他们会以低于市场的价格卖出其持有的资产,这时开放式共同基金的流动性管理业务也会形成交叉感染。加强市场监督和调控,及时向公众传递信息,增加市场的效率。新兴市场越来越多,国家通过采用国际会计标准,改进信息质量和信息的可获得性,改善交易的公开性。金融基础设施的改善,主要包括会计和公开性要求,交易制度的改进能力,衍生商品的品种增加和清算及结算系统的完善等。大量证券资本的进入,以及外国投资者对市场交易活动的参与,迫使资本流入国的金融管理部门采用更为先进的报价系统,建立一个技术先进的清算和结算系统,这对于有效控制风险、保持该市场对外国证券资本的吸引力、有效分配金融资源具有重要的意义。交易数量和规模的增加,有助于完善交易制度,增加市场流动性。而外国投资者提出的新的证券交易要求,在一定程度上促进了衍生商品的出现及发展。

此外,发达国家与发展中国家之间形成风险与利益非均衡、非对称的博弈局面。从资本流动的规律和特性来说,资本的流入是一种正相关的运动,即所在国经济环境越好,流入的资本越多。发达国家与发展中国家的整体水平存在着较大差距,在全球化进程中它们的竞争力必然不同,发展中国家从经济全球化中所得的利益远少于发达国家。但是,当面临国际经济波动和巨额资本冲击时,因各国的抵御力量不同, 发展中国家受到的冲击的风险比发达国家要大得多。

20 世纪 90 年代以来,为了获取利差,资金国际流动的规模空前,而利率机制的传导就是通过国际资金的流动进行的。当一国利率发生变动时,就会引起大量资金的流入或流出,给该国的宏观经济变量,如货币流通量、外汇储备、汇率等带来影响,从而使该国经济产生波动。在金融全球化高度发展的背景下,金融危机使得国际投机与投资资本迅速回撤自救或流向安全资产避险,在外资大规模撤出的影响下,外资依赖度高的经济体投资下降、汇率贬值、通货膨胀率上升,经济陷入衰退。如果一家跨国银行在一国出现信贷损失,则可能收缩对别国的信贷,这导致危机从一国向另一国传导。当一家跨国银行出于对该国潜在金融风险的担忧而进行调查分析,开始收集、加工和分析该国的信息时,可能诱导其他银行从该国撤资,出现羊群行为。一国国内价格水平的变动会引起该国货币的对外价值即汇率发生变动,带来两国商品的国际竞争力的变化,进而对他国经济产生冲击。经济金融全球化的发展,国与国之间的依赖将更加明显,一国国内的宏观经济政策,如货币政策和财政政策的变动会影响他国的经济情况。两国的国民收入通过贸易收支发生联系,两国的利率通过外汇市场发生联系,两国的价格水平通过汇率发生联系,当一国经济面临冲击时,这一冲击在依赖性较强的他国经济体之间进行传递。

二、支付结算渠道

大型金融机构接连出现问题,正常的国际贸易融资受到严重冲击,各国正常的进出口贸易也因此受到影响,这在以往的金融危机中是较少发生的。如果一国与另一国在第三国市场上存在贸易竞争,则如果一国货币贬值,则为保证汇率稳定,另一国(与危机国家有着密切关系的国家)不得不承担很大成本(如出口竞争力和产出下降),或者被迫让本国货币贬值。外部需求渠道使一国的货币危机传染到另一国。一国大量举债的投资者为满足贷款人提前还款的要求,不得不低价出售资产,从而导致本国传染性金融恐慌。国民收入的变动会导致该国进口(他国的出口)增加,通过乘数效应使他国国民收入成倍增加。一国经济中的边际进口倾向越高,另一国的出口乘数越大,冲击通过这一机制传递的效果也越大。金融全球化的发展,国与国之间的贸易投资更加自由化,这一传导机制是非常重要的。

三、资金来源渠道

从 2008 年美国的金融危机来看,危机前高度复杂的金融衍生品交易和投资者的过度风险追求、危机后投资者的过度恐慌是导致本次危机形成和传染的原因之一。此次金融危机发端于美国,迅速传染到欧洲,而美欧属于金融业高度发展的经济体,金融业本身不仅是为实体经济服务,更重要的是利用在全球的金融霸权地位赚取巨额利润。金融业本身创造的增加值在 GDP 中占有很高的比重,体积庞大的金融机构发生巨额亏损,即使未使物质生产部门等实体经济受影响,但整体经济也将受到重大冲击。从资金来源看,社会金融活动的资金有相当一部分来自银行,比如进入民间融资市场的资金,进行违规证券期货炒作、违规理财的资金有的就是信用卡套现的资金或者信贷资金。可见,金融风险通过资金来源渠道向商业银行传染。个别商业银行的同业业务、理财业务、表外业务的交易结构与交易合约日趋复杂,嵌入了较为复杂的基于一定触发条件的请求权。在此过程中,社会金融主体以相对隐蔽的方式介入,埋下了社会金融风险传染的隐患。同时,社会金融活动形成的对流动性的需求可能导致商业银行的流动性风险。

四、外部需求渠道

金融危机使主要的消费市场(主要是美国)、生产加工市场(主要是欧元区国家、日本、中国和印度)的投资与消费需求急剧下降,使主要的初级产品出口国、主要工业产品出口国的出口增长快速下降,甚至出现负增长,影响整体的经济增长。社会金融风险通过共同客户渠道向商业银行传染。有相当比例的社会金融活动主体或者受众是商业银行的客户,而一旦银行与社会金融活动有共同的受众,风险就很难隔离。例如,商业银行给小额贷款公司授信,而小额贷款公司往往以较高的利率转贷于高风险客户,有的小额贷款公司还向民间吸收资金,这样的客户一旦发生风险,自然就会影响银行系统。再比如,有的授信客户挪用信贷资金投向股市、违规证券活动或者其他违规理财平台,一旦发生损失就会波及银行。再比如,一些贷款企业为偿还民间资金或履行对民间融资的代偿义务导致资金链断裂,进而危及银行信贷资金安全。

从总体上看,上述新的传导渠道是过去这些年来经济金融化、金融全球化、各国生产分工专业化空前发展的一个新产物。从全球范围来看,美国金融危机对全球经济衰退产生连锁冲击的基本路线是:危机导致美国内需不振,经济步入衰退→全球金融危机,美国衰退导致欧洲经济进入衰退→日本经济受美欧经济衰退的影响进入衰退→发达经济体集体衰退使得新兴市场经济体增长大幅减缓。

综上所述,空前的信心危机加快经济衰退的速度,加剧经济衰退的深度,由美国金融危机发展为全球金融危机,从根本上说是信心危机的问题,美国次贷规模与整体的金融市场相比，只占不到1%的比重，也正因为如此，世界各国政府、投资者和研究机构，甚至是国际货币基金组织（IMF）都在危机最开始时严重低估了危机的重大影响。监管存在的漏洞、市场激励机制存在的问题，使得次贷问题中的信息不对称现象较为严重，从次级债、MBS到CDO 、CDS等市场规模庞大的金融衍生工具市场，没有人真正知道受到传染的总体规模有多大、由何种类型的投资者持有、主要分布在哪些国家，因此当危机突然爆发时，所有参与者都急于脱身，全球市场流动性急剧紧缩，于是整个市场的正常的估值系统都无法运转，金融产品的真实价值严重失真，整个市场的信心危机在雷曼兄弟公司倒闭后达到了顶峰，所有参与者都对交易对手极度不信任，即使平时看来最安全的同业拆借活动也被冻结，全球金融体系几乎崩溃。而这种信心危机在实体经济中同样有着巨大的影响，这在历史上金融危机对实体经济的冲击过程中也是少见的。其中有一个巨大的推动力量，即全球经济高度信息化，这是20世纪末才开始迅速发展的。由于交易系统技术、互联网技术和信息处理技术的高度发展，任何细小的事件，只要存在负面影响，都可能在很短时间内传遍全球的每个角落。在高度信息化的世界里，实体经济之间的传导更迅速。在繁荣周期里，信息技术大大加速了信息流、物流的处理速度，信心充足推动了全球经济的加速发展；而在衰退周期里，信心危机则大大加快了经济的萎缩速度。

第六章　金融安全

第一节　金融安全概述

国家对金融体系的安全给予高度的重视,国家金融安全在本质上是一个在规避风险条件下实现更高的对外开放收益的问题,它与一般意义上的对外开放效益有着重大的区别。金融风险内含于金融胚胎中。随着金融业的日渐发达,金融杠杆率被利用得越来越充分。这有点像地基与塔高的关系,随着塔的增高,塔的抗震能力也越来越低。目前,金融业不仅要面临信用风险、利率风险,还要面临通货膨胀风险、汇兑风险、金融衍生工具风险、政治风险等。金融风险的传染与经济形势有着较密切的关系。金融风险传染属于整个风险传染链条中的重要环节,与金融安全的变化有着密切的关系。

一、金融安全的定义

金融安全指货币资金融通的安全和整个金融体系的稳定。金融安全是金融经济学研究的基本问题,在经济全球化加速发展的今天,金融安全在国家经济安全中的地位和作用日益加强。亚洲金融危机后,许多国家的政府都把金融安全问题放到国家安全的层面上来探讨,同时金融安全问题又常常被置于经济全球化的大背景下来讨论。由此可以看出,金融安全是指一国或一个经济体的金融系统的安危问题。对金融安全最普遍的理解是,金融财富的安全、金融制度的维持、金融系统的稳定和正常运行与发展。这意味着，金融安全是金融系统本身的稳定和金融发展的安全。当然，也只有金融系统本身的稳定和发展，金融才能支撑和维护国家经济、政治和军事等的安全，才能维护国家的金融主权。

金融业是一个技术性强、利润丰厚、竞争异常激烈的行业，一国的经济结构是金融运行的基础条件。经济结构失衡，金融资金的流动就难以有效配置资源，就难以提高金融效率。因此，金融系统运行的宏观经济环境主要包括两个方面：一方面是市场经济的充分发展；另一方面是经济结构的均衡。如果说这两个方面的条件是好的，金融系统顺利运行就获得了一个基本的保证，由此，金融系统的安全也就获得一个基本的保证。传统经济理论认为，金融系统的存在与发展仅仅是为了迎合经济部门融资的需要，因而它的作用是被动的。而现代经济理论认为，金融发展对经济增长和发展有直接的影响，完善的金融系统能加快经济发展。同样，金融系统完善的程度与金融系统的安全有直接关系。

二、金融安全的表现

关于金融安全的表现，至今未有统一的标准。世界各国的金融系统有着很大的差异，这种差异反映在金融系统的诸多层面上，但从基本的区别来看，世界上目前有两类金融系统：一是银行主导型的金融系统；二是市场导向型的金融系统。前者以德国为例，后者以美国为例。两者谁优谁劣，至今没有答案，有趣的是，在20世纪末和21世纪初，出现了二者趋同的迹象。然而，从实现金融系统最基本的功能这一角度看，完善的金融系统必须具备以下两种机制：一是金融运行机制。一个完善的金融系统客观上需要在货币市场、资本市场和外汇市场之间建立起一种顺畅的流动渠道，这就需要一种价格机制，使货币和资本在各个市场间流动，并保证储蓄能顺利地转变为投资。二是自组织机制。正如上述的那样，系统有了自组织机制，系统在演进中就会表现出活力，并通过自复制、自适应和自生长等机制抑制金融脆弱性，使金融系统在演进的过程中经常性地处在稳态中。

三、金融安全与否的评价标准

当前,各国政府都非常关注金融安全问题。金融安全问题是金融全球化这一双刃剑中负面效应的产物,特别是发展中国家,在金融全球化趋势中既是不得不参与其中的一方,又是易承受负面效应的参与者。因此,弄清楚金融安全与否的评价标准是非常重要的。

(一)金融风险、金融危机与金融安全

金融理论研究和金融的实践活动都充分证明了金融风险是金融交易活动的一种内在属性,也就是说,金融交易活动内含金融风险。因此,金融风险不等于金融不安全。金融安全一般是指宏观上的、整体上的安全,即国家的金融安全。因此,几家金融机构的倒闭,或者说金融运行中出现了一些困难都还谈不上金融的安全问题。只有大部分金融指标出现了恶化,信用扭曲使交易费用上升到市场中大多数交易难以成功的程度时,金融的不安全就开始出现了。而金融危机则是金融风险累积到了一定程度时出现的,即公众都预期大部分金融指标将进一步恶化,银行的支付能力将进一步下降,政府将无力挽救这一颓势。一旦这种预期的归一化趋势形成,并转而形成预期序参量,危机的爆发就将确凿无疑了。

(二)评估金融安全的指标

一般说来,金融系统安全的评价标准是,该金融系统是否会爆发金融危机。可能爆发金融危机的金融系统是不安全的,不可能爆发金融危机的金融系统是安全的。但这一标准是非常模糊的,难以准确地说明某一金融系统安全与否。国际货币基金组织、世界银行和巴塞尔委员会等国际金融组织制定了关于一国金融系统安全与否的许多标准,但有时根据这些标准也很难准确地评价某一国金融系统的状况,因为许多金融危机是在意想不到的地方和时间爆发的。这正如我们在前面讨论金融系统稳定性的判断依据

那样,用同一把尺子是很难评判不同国家的具体情况的。

那么,金融系统的安全与否如何判定呢?人们在研究历史上的每一次金融危机后,得出这些危机在爆发前的各种变量数据是很有参考价值的,是可以用来作为我们评价金融安全与否的参考指标的。只是当我们用这些参考指标评价某一金融系统是否安全时,更要注意这一金融系统的经济环境和社会环境的许多软指标,如政府在公众中的信誉、公众对金融系统的评价、经济的市场化程度、政府是否强有力等。在金融系统安全运行的临界点上,如果一国经济中这些软指标不理想,金融风险进一步恶化的可能性就很大,金融危机爆发的概率将进一步增大。金融安全评估系统框架的最基本要素是确定预警指标。影响金融安全的因素不胜枚举,而且各种因素的相对重要性及相互作用也因一国的发展水平、开放程度、经济规模、经济结构、经济周期、市场发达程度和政府干预程度的不同而不同。因此,对金融安全监测预警系统的研究有较大难度,至今国内外也尚无完整的、准确性较高的、被一致认同的研究成果。

目前,可以用来对金融安全进行评价的常用方法有概率分析法和信号法两种,这两种方法在实际的运用中各有优点和缺点。因此,在实际的评价过程中可以根据被评价国的国情和特殊情况开发出新的指标,并结合两种基本方法进行综合评估,力求接近被评价国的实际情况。值得重视的是,刘遵义教授运用模糊类比法(或称为主观概率法)比较了亚洲国家和墨西哥发生危机时的十项指标,之后他成功预测了东南亚将发生金融危机。这十项指标是:实际汇率、实际国内生产总值增长率、相对通货膨胀率、国际国内利率差、国际国内利率差变化、实际利率、国内储蓄率、国际贸易差额、经常项目差额及外国组合投资与外商直接投资比例。刘遵义教授的预测之所以取得了较好的效果,是因为当时东南亚国家的经济发展阶段和开放程度与拉美一些国家有较多相似之处,除定量指标外的一些定性指标可以找到很好的参照物替代。从这一成功预测的例子中可以发现,金融安全与否的评价是复杂的。

从已有的关于金融安全与否的研究成果看,专家们对于金融系统运行的基本态势的评价认识趋同,即金融运行有四种基本态势:金融安全、金融基本安全、金融不安全和金融危机。其中,关于金融安全和金融危机的指标值并无太多的争论,但关于金融基本安全和金融不安全的指标值有较大的争论。争论的焦点不是微观审慎指标和指标值的选择,因为在市场经济体制下各国金融机构的经营原则和运作规律大致相同。争论的焦点主要是,宏观审慎指标和指标值的选择。究其原因有二:一是各国间的国情差异较大,设计的宏观审慎指标可能在一国被验证,在另一国却失效;二是对一些宏观经济变量的变化对金融安全的影响认识不同,理论研究和实践证明,在不同国家的不同发展阶段,主要的一些宏观经济变量对金融安全的影响是不同的。因此,评估金融安全的指标值还有待于进一步的理论研究和实践证实。

四、防控金融风险传染,维护金融安全

金融安全是国家安全的重要组成部分,是经济平稳健康发展的重要基础。维护金融安全,是关系我国经济社会发展的一件带有战略性、根本性的大事。金融风险向银行传染的机制出现了新变化。当前,正规的金融组织体系趋于多元化,而金融中介的种类也在增加。在金融系统趋于复杂的同时,社会金融与银行体系的耦合性也趋于强化。金融中介也以各种形式加入金融的运行中,导致社会金融网络的节点更多。在这种情况下,金融风险向银行系统传染的机制也在进一步复杂化。

金融是现代经济的核心和血液,是资源配置和宏观调控的重要工具。我们要清醒地认识到:金融的职责是为实体经济服务,为经济体中借贷双方和买卖双方提供信用交易中介服务,为全社会配置资源提供服务;金融与实体经济同生共荣,金融业要坚持以人民为中心的发展思想,抑制过度的利益冲动,持续提升薄弱领域和关键环节金融服务水平,降低全社会尤其是实体经济的资金成本,为建立稳定、可持续、风险可控的金融体系提供保障。要以马克思主义的立场、观点、方法为指导,立足我国国情,从实际出发,准确把握我国金融发展特点和规律,深化金融改革,加强金融监管,维护金融安全。

第二节 影响金融安全的因素分析

金融业是一个高风险的领域,从世界各国金融业的实际情况看,想建立一个无风险的金融运行体系,至少在现有的市场经济条件下和世界经济格局下是无任何可能性的。所以我们在讨论中国金融安全时,其含义也只是指将金融风险控制在能引致危机的临界点以下,在不触发金融危机的条件下,尽可能冲击引发的金融危机。究其原因,也总是能在危机发生的国家内部(经济基本面和金融系统)中找到可以使外部因素发挥作用的内部缺陷。因此,从影响金融安全的内外两方面因素来看,就外部因素对金融系统的影响往往是通过内部因素起作用的这一基本情况而言,内部因素是关键的。

一、影响金融安全的内部因素

影响金融安全的内部因素主要有以下两个方面:

第一,金融系统运行是否有良好的宏观经济环境,即经济环境是否与金融系统运行相协调。金融系统的运行与发展取决于其与市场的相容性。美国银行经济学家施雷夫特和史密斯在一篇题为《中介和增长模型中公开市场操作的效应》的文章中指出:空间分离和有限沟通导致了金融中介的形成。金融现象只是在一个分立部门的社会中才发生的。不仅是货币,所有其他金融现象也是如此,都是收支单位在一个互相依赖的社会中,取得收入与进行支出时相互间有自主性与专业化的操作。换言之,市场中经济主体的产权是明晰的,个人财富的所有权是清晰并有保障的,其在参与经济活动时会出现盈余和赤字且在融资时又承认存在“债”,这样的市场才会内生出多种形式的金融交易方式,并能优化金融资源的配置和提高效率。反之,如果市场中产权不明晰,市场运行的机制就难以完善,金融成长和发展的条件就不会很好。

第二,国家的经济实力和政府的强有力。国际经验表明,如果一国发生金融危机,政府通常都是通过动用各种资源来控制局势,摆脱危机。发生危机时,政府可动用的资源主要有三个方面:(1)决策资源,这主要是指发生危机时政府对问题的分析能力,找出解决问题的方法的能力。(2)行政资源,如动员社会力量,争取国际社会的援助等。(3)经济资源,这是最重要的,是摆脱危机的物质基础,也是上述决策资源和行政资源的物质基础,没有这一物质基础,决策资源和行政资源就难以发挥作用。

二、影响金融安全的外部因素

影响金融安全的外部因素主要有以下三个方面:

第一,一国的金融系统在国际金融体系中的地位。西方主要发达国家在国际金融体系中占据主导地位,因而其对国内金融市场和国际金融市场都具有极强的控制与操纵能力,其维护金融安全的资源十分丰富。因此,一国金融系统在国际金融体系中的地位对该国金融安全有重要的影响。

第二,国际热钱的冲击。从20世纪90年代爆发的金融危机看,国际热钱通常是将已经出现明显内部缺陷的国家或地区作为冲击的首发目标,而那些外债过多、本国货币汇率严重偏离实际汇率的国家或地区更是首当其冲。发达国家资本流入发展中国家,分享发展中国家更快经济增长的成果,谋求更高的收益,这是由资本的本性决定的,因而也是很正常的。但一些资本流入国从自身利益出发,在20世纪90年代针对资本流入的剧增,采取了一些限制性措施。显然,在那些尚未建立(或正在建立)稳固而有国际竞争力的金融体系的国家主要是发行政策性金融债券和中央银行贷款,都是较高成本的负债资金,高进低出,利率倒挂,影响其正常经营。无论是中央银行贷款还是发行政策性金融债券,都有硬性的利率和期限约束,从资产角度来看,政策性银行承担的都是社会效益好而经济效益较低的政策性项目,即"硬负债,软资产",贷款风险较高。同时,由于大量向中央银行借款,也增加了中央银行宏观调控的难度。

第三,金融深化的影响。其一,金融深化的表现形式。其二,金融全球化逐步消除全球金融市场的分割,使“一价定律”在国际金融市场得以体现,从而为全球整体经济的发展带来利益。其三,正如在贸易自由化和生产国际化过程中体现出来的那样,金融全球化所带来的全球性利益在不同的国家和地区之间的分割是不平等的。利益的分配取决于国内金融机构和金融市场的竞争力,以及金融制度的效率。其四,金融全球化可能带来金融风险,金融全球化风险可分为系统性风险和非系统性风险。系统性风险是指交易量的迅速增加和交易品种、交易主体、交易方式的复杂化可能加剧世界金融体系的脆弱性,并导致其出现整体动荡和崩溃,但这个过程不是必然的,全球金融监管体系的建立和强化可能防止系统性风险。非系统性风险是指单个或部分国家和地区在实施金融全球化过程中所出现的利益和风险的严重失衡,从而导致国内金融体系的动荡,甚至崩溃。需要指出的是,由于国际经济传递机制的作用,非系统性风险可能导致系统性风险,即某些在世界经济中占有重要地位的国家和地区,国内金融体系的动荡可能诱发全球性金融体系的动荡。现阶段关注的焦点应该是非系统性风险,特别是发展中国家和地区实施金融全球化战略引致的金融动荡。

第七章　金融网络中风险传染的防控建议

第一节　金融风险传染的防控策略

在当前经济、金融形势较好的情况下，金融风险的状况不容忽视。近年来，我国金融机构存在的风险日渐暴露，针对这种情况，必须进一步采取综合性的有效措施，防范和化解金融风险，保证金融业的稳健运行和健康发展。本书通过对金融风险传染的分析，发现影响金融风险传染的因素很多，可以通过调节这些因素来改变风险传染的规模和速度，起到防范和化解金融网络中风险传染的目的，本章通过对以上研究内容进行总结，提出相应的防范和化解的对策，分别从政府、中央银行、政策性银行、国有商业银行、中小金融机构五个主体来阐述金融风险传染防控策略。

一、政府防控金融风险传染的策略

（一）完善政府责任机制，加大监管力度

1. 完善政府救助机制

当金融危机发生时，政府的快速反应、及时的救助在很大程度上会缓解金融危机带来的影响。比如雷曼兄弟公司的破产，当时美联储对其持观望

态度,结果错过了最佳救助时机,导致后期更严重风险的爆发。因此,政府部门应该在发生风险传染后立刻采取救助手段,防止风险的进一步蔓延。但这不代表要对所有感染的银行都实施流动性救助手段,而要根据银行在整个金融网络中所处的地位来实施救助,既要节约成本,又要控制住风险传染的态势。削弱大银行内部业务的联系,将大银行的风险拆分,降低银行网络的无标度性质,从而降低风险传染的可能性。

2. 规范地方政府举债机制

规范地方政府的举债机制,防止财政风险向金融风险转化。我国大多数的地方政府性债务主要来自金融机构,针对数额巨大的债务,只能采取展期或借新还旧方式。如果地方政府偿债能力受限或出现违约情况,银行将此贷款确认为不良贷款,就需要向社会补充更多的资本,收缩了银行的信贷市场,金融市场萧条,财政收入下降。短期来说,地方政府应主动采取措施,控制新债务的产生,防止风险继续积累,将风险控制在一定范围内。长期来说,制定相关的规章制度,健全完善相关地方债务的管理机制,针对不同种类的地方债务实施不同的管理机制,量体裁衣;加强信息披露,全方位多方位监管,对于地方债务进行经常性监督和核查,并落实到相关责任人。

3. 加大政府监管力度

加强金融市场的治理能力,仅靠金融市场自身是不够的,政府更要科学地发挥其监管职能。一方面,监管机构要保持相对独立,监管机构工作人员的个人职业发展独立于监管对象;另一方面,监管的目标之一是保护投资者利益。

(二)完善金融安全网,建立相应风险防控机制

1. 完善金融市场设施

首先,完善金融市场的相关立法体系,避免因法律权责不明而发生的系统性金融风险,进而影响金融市场的发展;其次,划清业务边界和管理界限,

统筹金融市场的发展规划，避免监管缺失、监管真空和监管套利的情况发生；再次，对于金融市场的不同参与主体的特点和风险控制，设置不同的授权、注册、监督和评估程序，促进各个子市场之间互通且有序的发展，降低跨市场风险传染的可能性。

2. 建立科学的风险排查、监测和预警机制

金融危机的发生告诉我们，系统性风险的识别难，采取措施去干预已经失去理性的金融市场更难。作为金融监管部门，如何保证对系统性风险的独立判断、敢于决断和有效管理是当前各国普遍面临的难题，这需要在系统性风险监管的理论和实践两个方面都有质的提升。系统性风险应对仍缺乏及时有效的技术工具和监管手段。对此，我国应在充分借鉴国际经验和教训的基础上，积极构建系统性风险的防控机制和监管协调体制，不断建立并完善系统性风险监管的法律制度、机构安排、技术工具等。

（1）建立风险监测与预警机制

建立风险监测与预警机制，属于事前风险防控的策略。建立跨市场的风险监测体系，结合各种大数据、云计算、人工智能的技术，建立风险测评模型，密切关注相应指标的动态变化。对数据进行日常跟踪，一旦发现不利的、可能引发风险的因素，立即发出预警信号，及时隔断各市场间的风险传染。

（2）建立风险隔离机制

首先，重点关注规模较大、连接面较多的金融子市场，建立有效的风险缓冲和自动隔离机制，一旦某个子市场出现风险，立刻开启风险隔离机制，阻隔风险的进一步传染；其次，加强金融市场主体之间的风险防控机制，引导金融市场主体采用差异化的风险管理策略，降低非理性因素对市场运行的干扰，缩小市场共振的风险敞口；最后，建立舆论引导机制，防范负面消息的扩大和传播，引导舆论走向正确道路，维护市场的稳定。

（3）建立信息披露机制

要加大风险排查，规范信息披露，建立风险监测预警体系和应急机制，防止各种风险叠加，构建风险缓释机制，定点爆破局部和区域风险，及时化解金融风险隐患。实体经济运行风险向金融领域传导，一般是通过银行体

系快速传导的。化解当前面临的金融风险:首先,应对金融领域面临的各项潜在风险进行重点排查,建立规范的金融中介机构信息披露机制,及时披露并制止金融机构经营中存在的高风险行为。其次,要将金融中介机构纳入规范的监管框架,明确金融机构不同产品业务的法律关系和监管规则,按照“实质重于形式”的原则,将同类的金融产品归属于同一监管主体,执行相同的监管标准。最后,要构建市场化的风险“熔断”机制,避免金融风险传染和扩散,妥善处理非系统风险,实现对潜在风险的“缓释”。对于特定领域和地区的非系统风险要定点爆破,避免风险在该领域的过度积累。

3. **优化市场监管体系**

近年来,我国金融机构规模迅速扩大,金融体系内不同行业的关联性不断提高,大型商业银行、保险公司,以及组织复杂、业务多元的金融控股公司的系统重要性特征日益突出。应明确系统重要性金融机构认定标准和方法,健全系统重要性金融机构的监管制度,在额外资本要求、杠杆率、流动性、大额风险暴露和风险拨备等方面建立更严格的监管要求和标准,建立有序的风险处置和清算制度,强化股东和债权人的风险承担责任,从事前预防和事后处置两方面防范系统重要性金融机构的风险。强化宏观经济与金融体系的联系,加强对经济金融跨国关联性的监测分析。在处置方面,丰富央行最后贷款人的职能,完善金融风险处置中的成本分担机制,保持央行资产负债表的健康性。

4. **推进金融市场体制改革**

推进金融市场体制改革,形成有效的风险防范机制,当前金融体系面临的主要风险就是有许多金融行为游离于监管之外,使得监管不到位。因此,必须通过改革来实现监管转型,防止监管真空,监管转型的重点应放在重建风险约束机制,以及完善市场准入、信息披露、退出机制上。同时,加快建立存款保险制度,良好的存款保险制度可以增强市场信心,减少银行挤兑和银行危机的互相传染,降低系统性风险发生的可能性。目前,在我国显性存款保险制度缺失的情况下,存在依赖政府和国家信用的道德风险。功能完善、权责统一、运行有效的存款保险制度,具有补充监管、早期干预和纠正、风险处置和救助等多项职能，在保护存款人利益、维护公众信心，以及稳定金融、完善市场化的金融机构退出机制等方面发挥积极作用。

二、中央银行防控金融风险传染的策略

中央银行作为金融体系的一个组成部分，作为最后贷款人，也面临新的挑战。在金融机构没有外币负债的情况下，中央银行以本国货币进行最后贷款活动，在拯救陷入危机中的金融机构时发挥作用。而当金融全球化导致金融机构从事外币交易和跨国交易增多时，金融机构很可能因为外币负债不能按期偿还及外币资产质量下降而陷入困境。这时中央银行需要动用外汇储备而不只是发行本币。如果外汇储备不足，像亚洲金融危机中的韩国、泰国、印度尼西亚等国，就要向国际组织或其他国家求援。也就是说，全球化对中央银行的外汇储备管理提出了更高的要求。再比如，大型跨国机构投资者有对已开放金融市场的发展中国家货币进行“投机性攻击”的可能性。发展中国家中央银行或金融监管部门需要对此特别注意，随时准备给予回击，保护好本国货币。一些发达国家的做法是，规定大的机构投资者及时报告其持有的金融资产情况。这种报告所提供的信息使投资者的活动更透明，有助于金融监管部门了解其动向并做好防控措施。因为在对某种货币发动“攻击”前，机构投资者常常要大量购进(或借入)该种货币，监管部门获知此类信息后，就可做好“回击”的准备。

(一)强化中央银行应对系统性金融风险能力

我国的中央银行为中国人民银行，简称央行。央行可以借鉴国外成熟的经验，在考核资本充足率、流动性、资产质量、准备金政策、内部控制、国际借贷的标准方面，在监控市场风险、利率风险、外汇风险和金融衍生品交易风险方面，进一步强化应对系统性风险的能力，并建立适应我国实际情况的金融风险监管制度。当前，央行应对各金融机构的资本比例、资产负债结构等指标进行统一规定，对每家银行的经营行为进行约束，并建立防控援救机制，使商业银行的经营风险减至最小，损失及破坏程度减至最轻。就资产监

管方面而言,一是监控流动比例,即商业银行资产必须保持相当比例的流动性。通过监控流动性比例合理安排资产的运用,防止将流动性资产用于长期贷款,达到限制信用任意扩张的目的,从而保证信贷资产经营的安全性。应监控逾期贷款率,将逾期贷款从贷款总额中扣减,以降低存贷比例,并以降低后的存贷比例控制信贷总量。同时,要强化商业银行内外部的风险控制,并建立适当的银行市场退出机制。

(二)建立一套较为完善的中央银行间接调控体系和金融监管体系

从1998年起,央行坚持适度从紧的货币政策,建立和完善间接调控体系,灵活运用各种货币政策工具,适时进行微调,在继续加强货币和信贷总量的同时,积极进行信贷结构的调整,支持新的经济增长点,促进国民经济增长目标的实现。进一步加强央行的金融监管体系,保证金融监管的统一性和有效性。加强中国人民银行与中国证券监督管理委员会、中国银行保险监督委员会在监管理念和监管方式上的协调统一,尤其在风险预警方面,央行要会同相关部门在全面提升金融统计水平的基础上,开发系统性金融风险识别和预警体系。

(三)健全最后贷款人制度

1. 最后贷款人制度的含义

最后贷款人制度是中央银行运用自身的信誉和强大资金实力,对陷于流动性困难的银行进行财务援助和实施抢救行动的制度。其直接目的是防止暂时的流动性危机向清偿性危机转化。它被认为是金融体系的最后一道安全防线。作为最后贷款人,中央银行的救助措施一般有以下三种:第一,通过直接贷款、设立特别机构和专项基金间接提供财务援助,临时组织大银行联合贷款以缓解危机银行的支付困难;第二,宣布由大银行兼并或接管中小银行,承担其部分或全部负债并购买它的部分或全部资产,使公众恢复信心，银行得以重新运转；第三，由政府或中央银行出面担保，帮助有问题的银行渡过挤兑和清偿难关。

2. 最后贷款人制度的实施

要防止出现系统性的银行危机，发挥最后贷款人制度的作用必须注意以下的问题。

最后贷款人制度必须具备一定的前提条件。中央银行提供贷款应具备如下条件：在对象上，仅向那些失去流动性，但仍具有清偿力的金融机构提供贷款；在贷款期限上，提供短期贷款；在贷款条件上，仅按惩罚性利率贷款，而且仅在有抵押的情况下提供贷款，并按正常情况下保守的价格接受抵押；最后，允许失去清偿能力的银行机构破产。

但问题是，失去流动性和失去清偿能力往往难以区分，如果因为难以区分而拒绝提供流动性支持，可能会引起广泛的信心危机。另外，金融衍生工具的普遍使用、国际资本流动的增加，使得对最后贷款人制度需求的评估更为困难，也更为复杂。为了减少这方面的困难，首先，最后贷款人需要掌握有关的监督信息；其次，中央银行应按照某种惩罚性利率进行短期抵押贷款，以形成一定的约束机制；再次，即使是短期贷款也需要采取谨慎的态度，因为在此情况下，持续提供最后贷款支持会使资不抵债的银行进一步累积亏损。

三、政策性银行防范金融风险传染的策略

为适应社会主义市场经济体制的要求，深化金融体制改革，1994 年，我国先后组建了国家开发银行、中国农业发展银行和中国进出口银行三家政策性银行。国家开发银行的主要任务是向国家基础设施、基础产业和支柱产业的大中型基本建设和技术改造等政策性项目及其配套工程发放政策性贷款。中国农业发展银行的主要任务是承担国家粮棉油收购储备、农副产品收购、农业开发等业务中的政策性贷款和代理财政支农资金的拨付及监督使用。中国进出口银行的主要任务是为大型机电成套设备进出口提供买方信贷和卖方信贷，为银行的成套机电产品出口信贷办理贴息及出口信用

担保。政策性银行经营中的主要问题有以下几个方面:第一,融资渠道比较单一,资产负债的约束失衡,影响了政策性银行的正常经营、中央银行的宏观调控、政策性银行的资金来源。第二,内部管理比较弱,贷款潜在风险大。目前,国家开发银行的贷款收息率低于商业银行,其主要原因是绝大部分项目处于建设期;中国进出口银行曾在1997年受企业融资渠道趋向多元化等因素的影响,项目来源相对贷款规模出现了暂时不足,符合贷款条件的大项目相对减少,并且受东亚金融危机的影响,加大了进出口银行支持出口贸易的难度。根据我国政策性银行出现的贷款风险,可以考虑采取以下措施:

(1)拓展筹资渠道,降低资金成本,配合央行的宏观调控

争取增加财政性资金来源,适当补充资本金,对政策性亏损争取让财政给予明确的补贴;在国外发行债券和筹措国际商业贷款;积极争取从国际金融组织和国外政府获得低息优惠贷款;继续保持政策性金融债的稳定发行,增强市场融资能力,并扩大竞价发行的数量,降低发行利率;可以考虑进一步扩大筹资来源,让邮政储蓄资金和保险基金购买政策性金融债。通过以上措施,减少对央行基础货币的依赖,降低筹资成本。

(2)提高呆账准备金提取比例,完善贷款的补偿机制,改进利率管理

目前,政策性银行参照商业银行的呆账准备金制度,提取呆账准备金。随着贷款五级分类法的实施和呆账准备金制度的完善,政策性银行也要适当调整和提高呆账准备金率,完善贷款补偿机制。改进利率管理,逐步降低政策性银行贷款优惠利率,降低贷款利率与筹资利率的倒挂水平。

四、国有商业银行防范金融风险传染的策略

(一)采取综合措施,逐步消化银行不良资产的存量

按照国际惯例,坚持谨慎的会计原则,进一步完善呆账准备金制度,加大核销呆账的力度。西方国家的商业银行一般提取三种准备金,一是普通呆账准备金,二是专项准备金,三是特别准备金。目前,我国是按照银行贷款年末余额的1%提取呆账准备金(相当于普通呆账准备金)的,正在逐步改

变以前的“一逾两呆”的贷款分类方法，按照国际通行方法试行贷款五级分类法，应同时改善呆账准备金制度，即包括提取普通呆账准备金（按商业银行年末贷款余额的一定比例提取）、提取专项准备金（按照贷款的五级分类法，根据各类贷款内在风险损失程度的不同按比例提取），提取特别准备金（根据国家、行业贷款风险按一定比例提取）。如果参照香港提取呆账准备金的经验（正常为0、关注为2%、次级为25%、可疑为75%、损失为100%），国有商业银行的呆账贷款的很大一部分可归于可疑贷款，呆账贷款可归于损失贷款。如果按照相应的资产质量提取专项准备金，可冲销较大数量的不良资产。因此，可先对呆账贷款（对应损失贷款），并分为几年提取，在一定时间内基本核销完银行的呆账贷款。对于银行逾期贷款和呆账贷款的增量（基本相当于次级贷款和可疑贷款），可考虑逐步各按其25%、75%提取专项准备金进行核销。资产管理公司可对银行不良资产进行处理。该类公司的资金来源是财政注资、向国内外金融机构借款、发行债券、同业拆借、中行再贷款及其他营业收入。我国国有商业银行需要处理呆账贷款和一部分逾期时间较长的贷款，可在一定时间内通过资产管理公司收购、出售、转让等办法进行处置。此外，加强金融体系建设。加强国内金融体系的手段主要是严格按照《巴塞尔协议》规定的资本金比例，对国内商业银行进行严格管理。如阿根廷加强国内金融体系的手段就是要求银行资本金比例高于《巴塞尔协议》所规定的标准，印度尼西亚对银行规定了严格的资本金和准备金比例要求，一方面强化银行体系，另一方面削弱信贷扩张。强化授信客户的管理：一是强化授信业务模式的创新。积极发展供应链融资，深入企业的价值链进行产品的设计。发展交易银行业务，将信贷业务嵌入交易过程中，发展场景化的消费贷款，这样能够保证授信业务用途的真实性，最大限度地避免挪用。二是合理设定授信方案和条件，避免给社会金融提供可乘之机。三是授信业务全流程管理中要植入金融风险关注与防控要素。

（二）建立与完善信贷资产质量管理制度和金融信用风险预警系统

1998年我国将广东作为试点，在所有商业银行逐步实行贷款五级分类和考核办法,把贷款划分为正常、关注、次级、可疑、损失五类,并且各类贷款按相应比例提取呆账准备金,核销呆账。国有商业银行要加强内部控制制度,建立健全监事会、信贷审查委员会、资产负债管理委员会,实行审贷分离,完善信贷管理规章制度和办法。借鉴国外的经验,保证银行的安全性、流动性和盈利性,逐步建立和健全金融信用预警系统。要对银行的利率风险(主要指资产负债的差额风险,存贷利率变动幅度不一致的基差风险,以及借款人和存款人的潜在选择权的风险)进行预测;对银行的流动性风险(主要指"基本流动性"和"充足流动性"不足的风险)进行预测;对银行信贷风险,主要根据企业的信用等级、贷款方式和贷款形态预测贷款的风险。金融信用风险监测的垂直系统由宏观(中国人民银行总行、商业银行各总行)、中观(中国人民银行分行、商业银行省级分行)、微观[中国人民银行中心支行和县支行、商业银行地区中心支行和市(县)支行]三个子系统组成,其监测的组织形式及风险情况的传递次序一般是自上而下或自下而上两种。中国人民银行总行及其分支行在对各商业银行机构的风险进行测量并做出风险评估的基础上,及时向有关机构和其整体发出早期风险预警信号,并采取有效措施,防范和化解金融风险。

(三)制定交叉金融产品监管制度

一是明确交叉金融产品的概念或制定范畴,在统一的监管口径下建立交叉金融产品风险监测体系。二是规范交叉金融产品的业务管理机制,对交易对手管理、产品研发管理、投资运作管理、销售管理、交易集中管理、客户适当性管理等提出监管要求。三是规范交叉金融产品风险管理,对董事会、高管层、相关部门的风险职责提出明确、严格的要求,对跨行业跨市场风险识别、计量、监测、控制和报告,资本计提、风险拨备等也提出明确、严格的要求。

(四)建立创新业务监测与评估机制

交叉金融产品产生于金融脱媒、利率市场化以及商业银行谋求业务转型的大时代，尽管其承担了较多满足监管指标的任务，一度成为规避监管的工具，但不可否认的是，交叉金融产品成为投资和融资的桥梁，在增加居民财产性收入、融资支持实体经济、加快银行经营转型方面发挥了重要作用。因此，应客观、全面认识交叉金融产品，采取疏堵结合的措施，建立创新业务监测评估和叫停机制，按照“三个有利于”的标准审视交叉金融产品创新。符合标准的，鼓励支持；不符合标准的，及时叫停通报，防止风险积累和扩大。此外，推动银行资产管理业务转型。一是建立“栅栏”制度，要求交叉金融产品在管理主体、产品运作方面必须做到代客与自营相分离。二是继续推动产品端的净值化转型，充分披露产品投向和风险信息，以透明、合理、公允的产品价格变动将风险传递给投资者。三是创造有益于交叉金融产品的监管环境。包括加快推进信贷资产流转、促进信贷资产证券化、严厉打击监管套利等，通过市场化机制推进交叉金融产品的正常发展。

（五）准确计量、评估风险并拨备计提

各银行要审慎选择投资品种，根据所投资基础资产性质，准确计量风险并计提相应资本与拨备，强化风险资本约束；充分运用交易账户异动监测、压力测试、限额管理等手段，有效识别、计量、监测和控制跨行业跨市场风险。同时，注重强化有效隔离和防范风险传染的“防火墙”建设。各银行要针对跨行业跨市场“交叉传染”的风险特征，建立风险监测、预警和管理体系，强化风险缓释机制，有效隔离风险传染，最大限度缓释风险的发生和蔓延。

（六）加快国有商业银行商业化改革的步伐

国有商业银行和其他金融机构必须做到自主经营、自负盈亏、自我约束、自求平衡、自担风险、自我发展。要逐步建立以国有商业银行为主体，股份制商业银行、城市商业银行、城乡信用合作社和非银行金融机构等功能互补、分工协作的现代银行体系。按照“经济、合理、精减、高效”的原则逐步减少国有商业银行的经营管理层次和分支机构，其业务重点转向大中城市和

国有大中型企业。健全银行机构的法人治理结构,进一步完善银行机构的股东大会、董事会和监事会制度,确保商业银行依法守规,稳健经营。加强银行机构的内控制度,完善资产负债比例管理制度和信贷资产分类与考核方法。完善资本金补充机制和呆账准备金提取与核销制度。建立统一严格的财务会计、统计报告制度。改革和完善符合银行业特点的人事制度和收入分配制度。银行体系的稳定受一系列因素的影响,包括不利的宏观经济发展、错误的宏观经济政策、国际收支危机的易发性。如果这些因素得不到有效控制,金融自由化对银行系统的稳定性将产生负面影响,其影响不容忽视。

商业银行风险处理的一般策略是指管理与防范商业银行金融风险的具体方法和措施。对银行风险经过识别、衡量与评估之后,就要采取相应的策略和措施进行处理与控制。一般来说,处理与控制银行风险的策略和措施主要有以下几种:

第一,回避策略。回避风险是一种事前控制,是指决策者考虑到风险的存在,主动放弃或拒绝承担该风险。这是一种保守的风险控制手段,回避了风险的损失,同样也意味着放弃了风险收益的机会。当风险很大时,一旦发生风险后果将极其严重,银行很难承担,这一措施还是非常有用的。

第二,防范策略。防范风险是指预防风险的发生。银行通过对风险事故发生条件、原因进行分析,尽量限制事故发生条件的产生,从而使风险事故发生的可能性尽量减少并直至完全消除。对于银行内部的管理风险、运营风险等,通过制定严格的内控制度,提高决策者和各级干部、员工的素质,严格按各项操作规程工作,就能较好地防范银行内部的管理风险和操作风险。

第三,抑制策略。抑制策略是指承担风险后,采取各种积极措施以减少风险发生的可能性和破坏程度。该策略常用于信用放款。其指导思想有两种:一种是不仅要保全本金,而且还要获得原定的放款收益;二是将本金的损失控制在一定范围内,不求放款利息等收益。在第一种指导思想下,风险控制的手段有:追加担保人和担保金额或追加资产抵押。在第二种指导思想下,抵押风险的手段有:(1)减少追加放款额,一旦客户出现资信问题,就停止对该客户的新增放款,并尽一切努力收回对该客户的原放款,尽量减少该客户坏账时的最大损失。(2)向客户派驻观察员和经营管理、财务专家,帮助客户发现企业经营管理、日常生产、销售中的关键问题,并提出解决问题的指导意见。

第四,分散策略。分散风险是指管理者通过承担各种性质不同的风险,利用它们之间的相关程度取得最优的风险组合,使这些风险加和后的总体风险水平最低。商业银行的风险分散策略一般有两种:随机分散和有效分散。风险分散的方法也有多种:(1)资产种类上的风险分散,即在各类资产或同一类资产的不同形式之间进行资产组合,以达到分散风险的目的;(2)资产币别上的风险分散,即根据国际金融市场变化情况,对资产进行不同币别的调整和组合,以达到分散风险的目的;(3)资产期限结构,包括贷款和证券的期限多样化;(4)贷款对象分散,即避免将贷款集中投放给几个重大客户,是将贷款有选择地贷给规模不同但资信都较好的客户;(5)通过银团贷款、资产证券化等方式分散风险。

第五,转移策略。转移风险也是一种事前控制,即在风险发生之前,通过各种交易活动,把可能发生的风险转移给其他人承担。转移风险是风险和收益之间的重新安排。转移风险的具体方法有:(1)担保。有担保的放款把由银行承担的客户资信风险转嫁给担保人,但银行在转移风险的同时,又承担了担保人的资信风险。(2)(出口)押汇下的保函。银行在做押汇议付时,一般要求出口商对单据的不符合处出具保函,保证由于这些不符合处造成的拒付款由出口商负全责,银行有权追回全部议付款和利息。(3)运用金融衍生工具转移风险。例如,通过买卖金融期货套期保值,将价格波动的风险转移给愿意承担该风险的投机商,金融期货已成为商业银行转移风险的重要工具。又如,可通过期权交易,以便出现不利于交易者的逆转市场时可以提供最大限度的价格保护,如买进看涨期权、卖出看跌期权、转换套利等。(4)利用传统业务创新来分散风险,如一揽子贷款证券化(常用于抵押贷款)、直接出售贷款、浮动利率贷款、浮动利率票据、货币互换、双重货币贷款等。(5)通过投保,将一部分风险转移给保险公司。

第六,风险监管。风险监管贯穿于整个银行风险管理的全过程,它包括外部的监管和内部的控制两个方面。外部的监管是由独立的专门机构对银行所承担的风险进行审查,防止银行和企业选择过高风险。另一种是由金融机构内部的风险管理部门和稽核部门实施的内部监控。在风险决策的过程中,随着时间的变化、环境的改变,风险也在发生变化,银行要随着风险的变化不断进行自我监控。如引起风险的因素向不利方向变化时,要及时采取措施,防止风险造成重大损失。

商业银行风险管理与防范是一项系统工程,涉及宏观经济运作、经济体制和经济政策等多个方面。要科学地实施商业银行的风险管理,首先必须确立正确的原则和方针,我们认为商业银行的风险管理与防范要坚持以下两条原则。

第一,事前防范为主的原则。商业银行是高风险的企业,每项业务随时都可能发生风险,但大部分风险都可以通过事前防范加以消除或减少,而且预防的难度和成本都较低。如果等到形成事实风险后再来化解,不仅工作难度大,而且消耗成本高,鉴于事前风险防范的机会成本远低于事后化解,所以在金融管理的整个过程中要坚持事前防范(即预防)为主的原则。

第二,内部消化为主的原则。国有商业银行的风险一旦形成,特别是形成金融危机后,有四条路可走:破产、兼并、倒逼中央银行增加货币发行注入资金和内部消化。国有商业银行都是国内大型银行,如果有一家银行破产,不仅会损害它本身数以千计的储户及其他债权人的利益,而且会引起激烈的类似多米诺骨牌的风险传递效应的发生,还会导致多家银行破产和人民币制度的解体,鉴于如此巨大的机会成本,显然破产之路行不通。如果走第三条路,则必然引起通货膨胀,给宏观经济造成严重的危害,显然也是不可取的,因此消除商业银行风险的最佳途径是商业银行通过长期加强风险管理,内部消化风险。重点防范增量风险。

此外,还要关注一些风险暴露银行处理原则,风险暴露银行处理原则的确立直接决定了金融监管部门对风险暴露银行处理的方式与程序,并且关系到风险处理时机的选择和处理成本的控制。因此,这是风险暴露银行处理制度框架中的首要问题。在市场经济中,风险暴露银行处理应遵循维持公众信心原则、风险损失最小原则、市场力量约束原则和重建财务基础原则四大原则。

第一,维持公众信心原则。这是风险暴露银行处理的最根本性原则。公众对银行体系的信心是银行生存和发展的基石,无论监管部门对危机机构采取何种行动,均应首先考虑公众对银行体系的信心这一因素。

第二,风险损失最小原则。该原则有两方面的含义:一是所谓"越快越好",即时间拖得越久,处理的成本就越大。二是所谓"双倍损失",即最终损失往往是此前估计数的双倍。经验表明,造成风险传染的原因复杂多样,损失一般只有在采取严厉措施之后才会彻底暴露。例如,一家银行机构是否已资不抵债就很难估计,其资不抵债的市场价值可能只有在倒闭后才会受到关注和衡量。在此之前,外部审计师对银行损失的估计数几乎两倍于银行管理层的估计数,金融监管部门的估计数几乎两倍于外部审计师的估计数,而最终损失的清算又几乎两倍于金融监管部门的估计数。

第三,市场力约束原则。应最大限度地减少对市场力量约束机制的破坏,以尽量减少道德风险。其含义有三方面:一是在任何情况下,金融监管部门都应保留是否、何时以及在什么条件下提供紧急救助的相关抉择权,而对特定的银行机构应事先承诺将采取哪种抢救措施,以免银行对金融监管部门流动性支持的依赖。为此,鼓励和支持民间的兼并与收购就具有重要的意义。一般不考虑由政府注入资金。即使需要政府注资时,也应附加条件,规定明确的运作标准以及可靠的偿还保证。二是,央行的最后贷款支持是必要的,这种支持既要为保证存款兑付提供流动性资金,又要为弥补危机损失以顺利出售危机中的银行而提供损失准备金。但是,央行最后贷款机能的发挥不能与自身为实现宏观经济目标而执行的货币政策相冲突,因此,央行的最后贷款支持同样要有十足的抵押。三是,从经济学的观点看,尽管一家银行失去了偿付能力,但由于多种原因,它可能仍然拥有相当可观的"商誉价值",对此应给予必要的保护。但是,在危机处理的实践中,让失去清偿力的银行机构继续经营的挽救行动往往难以成功,因此,金融监管部门必须具有对一家银行面临的实际风险做出准确判断的能力,并力避政府干预的影响。

第四,重建财务基础原则。一旦决定对风险暴露银行进行紧急救助,那么各种措施的运用就应该定位于恢复其清偿能力和盈利能力,即既要解决危机机构的"存量"问题,又要解决"流量"问题。前者注重调整银行的资产负债以解决不良资产和其他坏账问题,后者注重重构银行的经营机制以清除危机的根源。因此,通过增加股权资本,改善风险暴露银行的资本结构、促使风险暴露银行建立有效的内部控制机制，这样能够直接支持风险感染中的银行重构经营机制。发展中国家化解风险暴露银行还要面临的困难：

若由央行注入资金又会导致货币扩张，引发通货膨胀，进一步加剧银行危机。因此，在危机时期，一些国家不得不求助国际金融机构（特别是在货币危机与银行危机并发的时期）。国际金融机构的援助方案往往有紧缩财政、开放金融市场等方面的附带条件，处理不当就会引起国内经济动荡。就亚洲国家而言，在危机爆发后，各国主要依赖国有化政策来化解金融体系的不良债权，主要方式有：通过成立资产管理公司进行资产置换，为增加银行资本金而注入资金，推进金融机构的合并，调整企业债务结构等。但直接注资和资产置换会导致公共资金的耗尽，而金融机构合并、调整企业债务结构等问题进展缓慢，使政府、银行和企业集团之间的关系更复杂。随着宏观经济形势的变化及监管制度的变化，金融风险传染对于商业银行而言日渐成为重要威胁。因此，商业银行的风控部门等应承担起归口管理的职责，将社会金融风险的阻断纳入全面风险管理体系，应牵头对金融风险进行系统化研究，将金融风险的防范写入风险政策和制度，形成动态管理。

五、中小金融机构防范金融风险传染的策略

目前，我国区域性金融风险的高发部分是地方性商业银行、城乡信用社、地方性非银行金融机构等中小金融机构。由于中小金融机构在最近几年的高速发展中存在定位不明、恶性竞争、经营不善等问题，风险日渐暴露。其主要表现为不良资产比例高，少数已不能支付到期债务。中小金融机构就单个机构而言，对整体金融体系的影响可能有限，但单个机构资本实力弱，且作为一个面广量大的整体，其风险性较大，处理不好往往会成为金融风险的高发区，因此，中小金融机构是风险防范和化解的重点，应采取标本兼治的综合性措施加以治理。中小金融机构要深化改革、明确定位，坚持分业经营和管理。

较长时期以来，在发展过程中，我国中小金融机构中的很少一部分（主要是指城乡信用社、地方性非银行金融机构）存在市场定位不清和特有功能没有得到真正发挥等问题。市场定位不清使中小金融机构缺乏生存空间，

容易引起超范围经营和恶性竞争，加大经营风险。因此，应明确各类金融机构的市场定位和业务范围，引导其走向健康发展的轨道。

信托投资公司的风险类型与其经营的业务及其经营特点紧密相关。由于混业经营的原因，其过多地参与了商业银行业务，其风险主要集中于信用风险、支付风险和投资风险等。参照国际经验和信托业发展的实际情况，应改变我国信托业长期混业经营的体制，按照“信托为本、分业管理、规模经营、严格监督”的原则进行改革，使其真正成为“受人之托、代人理财”的金融机构，不得办理法人委托存贷款以外的一般存贷款业务，不得经营期货业务和房地产投资，主要受托经营资金、有价证券、动产、不动产等各种财产的信托业务，发挥信托业的资产管理功能，并在此基础上发挥中长期金融功能。我国企业集团财务公司是一种较为特殊的金融组织形式，它依托大型企业集团而成立，并为大型企业集团提供金融服务。财务公司的风险主要表现为不良资产比例较高、贷款集中程度高、单一企业风险大、存贷比例超标等。根据我国金融体系的现状，财务公司的定位为筹措中长期资金，它是为企业集团的技术改造、新产品开发及产品销售等提供中长期金融服务的非银行金融机构。企业集团财务公司不可吸收个人存款和企业短期资金，不能把财务公司办成以短期融资为主的商业银行。

目前，我国的租赁公司主要分为三大类，即中国人民银行审批管理的金融租赁公司（融资租赁公司）、外经贸部审批管理的中外合资租赁公司和原国内贸易部及其他有关部门审批管理的经营性租赁公司。从资产负债结构和经营特点来看，金融租赁公司具有一定社会筹资功能（租赁信托存款）和信贷功能（租赁项下的流动资金贷款）。中外合资租赁公司的资金除了资本以外，主要依托其国外股东银行的大量外币借款。经营性租赁公司往往以资本金和部分金融机构借款，通过买入适用设备而循环出租，以收取租金为生。租赁公司的项目一般是以投资大、回收期长为特点，但由于缺乏长期资金来源渠道，一些租赁公司大量拆借资金用于长期租赁项目，造成支付风险和资不抵债。要按照分业经营和管理原则，严格区分租赁业务与信托业务，坚持租赁公司以从事租赁业务为主，严格限定其资金只能用于租赁项目。

在经营活动中，一些城乡信用社背离了合作制原则和为广大中小企业及居民服务的宗旨，存在管理不规范、资本金不足、不良资产比例高、亏损严重、支付困难等问题，所以要对城乡信用社进行规范改造。按照“自愿入股，民主管理，主要为社员服务”的原则，把城乡信用社办成合作金融组织。要将清产核资中质量较好的城乡信用社纳入城市商业银行的组建范围。按照合作制原则改革和规范农村信用社体制，改善其管理水平，改进服务，切实为农业、农民和农村经济服务。通过“三改”，从而大幅度提高农村信用社的经营效益和防范风险的能力。

此外，还要注重国有企业逐步建立现代企业制度，加快现代企业制度改革。建立现代企业制度的核心内容是“产权清晰，权责明确，政企分开，管理科学”。大多数国有大中型骨干企业初步建立，现代企业制度，建立现代企业的重要标志是明确企业的国有资产投资主体，实现政企分开。企业作为一个独立的财产法人，要按照市场原则进行运作，真正做到自负盈亏，承担风险。要逐步降低国有企业资产负债率，建立企业和银行的平等合作关系。企业要建立一套科学的法人治理结构，依照《公司法》建立和完善股东大会、董事会和经理负责制度，并建立一套科学的内部管理制度，使企业能够适应市场的需要，并对资金价格的变化做出迅速的反应，及时调整经营行为，实现利润最大化目标。

第二节　金融风险传染决定因素的管理

如果能找到与每一种风险传染相对应的决定性因素，那么金融体系的风险管理并不困难。但是，现实的情况往往是一种风险可能受到多种因素的影响，而一种因素又会影响到多种风险传染。在金融全球化的过程中，发展中国家金融体系既要受国内实质经济体系、金融结构的影响，又要受世界经济周期、发达国家金融政策和国际短期资本的冲击。由于这些因素对发展中国家金融体系风险的作用形式存在差异，而且风险管理的手段也不完全相同，因此，我们将每一个发展中国家开放初期的国内实质经济体系和金融结构称为金融风险传染的内部决定因素，将发展中国家在实施金融全球化战略时所共同面临的国际性因素称为金融风险传染的外部决定因素。

一、金融风险传染的外部决定因素的管理

（一）利用国际经济协调来管理金融体系风险传染的外部决定因素

虽然发展中国家采用宏观经济手段可以冲销部分风险传染的外部因素的不利影响，但是依赖一个国家的努力是很难取得理想的效果的，而且这些政策的采用往往与国内其他宏观经济目标之间存在矛盾，发展中国家有可能顾此失彼。既然金融全球化是一种世界性的现象，是世界经济一体化发展的必然，那么利用国际经济协调的方式来管理相互依赖的各国金融体系风险，就不仅是有效的，而且也是有可能的。库柏认为，国际经济合作的中心问题是要解决如何在免于破坏性限制的情况下获取广泛的国际往来的多方面的利益，同时为每个国家保留最大限度追求其合理经济目标的自由。库柏使用两个对称性依赖国家组成的模型，考察了三种特定的政策体制组合，分别为非协调体制，指按蒙代尔式的一对一配合方式实现本国政策工具与本国目标的配合；内部协调体制，均不考虑外国的目标，同时使用各种本国政策工具实现国内目标；完全协调体制，联合使用本国和外国的政策工具以实现所有本国和外国的目标。卢斯和雷法采用囚犯难题——古尔诺均衡的分析方法进一步说明了国际经济政策协调对两个对称性依赖国家都存在着帕累托效率。

（二）采用综合性的配套措施管理金融风险传染的外部决定因素

目前，我国金融领域暴露出来的风险问题是多年积聚起来的，是我国金

融市场风险传染的外部决定因素的综合反映,因此必须采取综合性的配套措施,加大防范和化解金融风险的力度,保证金融业稳健经营,支持国民经济健康发展。近几年来,按照党中央、国务院的部署,金融部门所采取的一系列防范和化解金融风险的措施,取得显著成果。央行对于商业银行的审慎监管效能有了显著提高,加强了对商业银行非现场监测的分析和预警能力。逐步完善金融机构市场的准入和退出制度,以及高级管理人员任职资格的管理制度。按照审慎原则,逐步建立和完善了统一的财务制度、会计制度,完善了金融机构金融风险的自我补偿制度。银行风险损失准备金提取和核销制度,完善国有商业银行的资本金补充机制。在建立我国的金融资产管理公司和存款保险机构之后,国家应给予政策支持和资金投入,支持其正常运营。

(三)抑制热钱造成的虚拟经济,确保实体经济的发展

在实体经济系统中产生的风险,都会迅速传递到虚拟经济系统中,导致其平衡发生改变。虚拟经济由实体经济系统中产生,又依附于实体经济系统而存在。例如热钱的进出会造成汇率波动,如果入境资本不能被经济系统吸收,则会转化为外汇储备,迫使国家扩大基础货币发行量,诱发通货膨胀。同样,虚拟经济系统中的风险,也会对实体经济造成严重影响。一旦虚拟经济出现问题或者崩溃,国家应当通过有计划、有组织的实体经济立刻取而代之。在非常时期如何选择代替货币的实物单位很重要,它甚至可能是多样化的,例如在战争时期或经济萧条时期,许多国家都曾经选择黄金、大米等实物来替代货币。根据我国经济发展的需要,广义的实体经济计划范畴应当包括:关系到国计民生的重要物资(如粮食、木材、钢铁、石油、电力等),关系到国家利益的战略资源(如稀有矿产、水利、交通、通信等),关系到国家经济发展命脉的高科技技术(如信息技术、生物技术、国防技术等)。

（四）加强法制建设消除金融风险的诱因，健全国家金融监控体系

根据有关法律规定并参照国际惯例，进一步建立健全对金融机构接管、合并、兼并、收购、破产等的法律和法规，规范金融机构的市场行为，通过加强法制建设消除金融风险的诱因。此外，国家应当敦促一些独立的中介机构，如会计事务所、律师事务所、审计事务所等真正履行自己的职责。另外，为了争取一个相对有利的国际环境，我国必须积极参与国际金融组织的相关活动，使自己的利益在这些组织的规章制度和国际金融秩序中得到承认和保护。加强各国中央银行之间的交流，关注国际投机资本的动向，落实监控任务到具体机构和组织。只有对国家金融体系深化改革，完善金融法律与法规，充分运用国际金融技术建立国家金融监控体系，才能真正避免产生国家金融风险。

（五）国家利益至上，启动国家金融风险防范体系工程

在“国家利益至上”的大前提下，组建国家金融风险防范机构，其主要任务有三个：一是在机构、组织、人员等方面有保证的前提下，整合各金融机构和科研单位的科研力量，有计划、有步骤、有组织地开展合作，充分利用国内外各种现有信息技术和信息资源，构建立体的、交叉的、多层次的、非线性的、可操作的国家金融风险防范体系；二是在确保国家机密的条件下，协调行政部门拆除人为设置的信息壁垒，通过国家级信息架构实现资源共享和集中，以便国家最高领导层能够全面掌握动态、实时的金融资产状况；三是熟悉国内外科研单位和金融机构的人才分布，把握国内外金融市场状况，通晓金融方面的法律法规，理解“金融原生物”和金融衍生工具，清楚交易操作技巧等，一旦突发事件来临或国外对冲基金来犯，能够迅速地根据当前国内外政治经济形势和可以调度的资源，向国家最高领导层提出具有操作性的意见和可供选择的方案。

(六)金融开放要注重步骤和策略

金融对外开放当中,要注意步骤和策略,有先后次序地考虑战略布局的重点,还要有一些开放策略的考虑。比如,我们现在首先要做的是金融机构的开放,接下来还有金融本身、利率市场与国际市场的开放,资本项目的开放、资本市场的开放、资本项目的自由可兑换,以及人民币的国际化等,这些领域的开放都是需要考虑次序和策略的,这也是下一步金融对外开放需要着重考虑的问题。对于金融开放来说,加强风险防范、控制金融风险的同时,也需要通过以改革的方式来化解风险。也就是说,一方面要防范风险本身,另一方面向改革要动力来化解风险。因此,应当着重关注对开放次序和策略的研究,在防范风险的同时以改革的方式为防范风险提供动力,最终化解风险。

二、金融风险传染的内部决定因素的管理

经济发展中的制度缺陷与金融风险产生的一般的制度变迁因素不同,一般的制度变迁因素是指人类社会从实物经济演化成货币经济的过程,这是每一个国家和地区都必须经历的过程,其产生的风险只能通过金融监管制度的建立和完善来抑制。经济发展中的制度缺陷则是指发展中国家的政府在经济发展过程中采取了不适当的政策措施,这种不适当的政策措施所导致的风险不能通过金融监管制度来化解,只能通过经济政策的调整才能消除风险的根源。

(一)国内金融制度自由化减少信息不对称性的问题

并非每一个市场经济体制和对外开放的国家都自然地采纳自由化的金融制度。事实上,即使在最发达的市场经济体制国家里,对金融的管制也一直是存在的,只是程度和方式与计划经济体制国家不同。不合理的金融管制同样会造成资源分配的扭曲,因此,在实施金融全球化战略的同时,各国

往往首先在国内实施金融自由化战略。结合西方发达国家及部分发展中国家20世纪80年代以来的金融自由化实践来看,金融自由化战略包括以下几个方面:

第一,金融机构管理和金融业务的自由化。无论是发达国家还是发展中国家,都面临着提高银行效率、加强其国际竞争力的问题,而采取措施减少银行竞争的阻碍并消除金融市场分割是提高银行效率的最佳手段。从发达国家的情况来看,由于20世纪30年代的经济大危机,一般在当时都严格规定了金融机构的业务范围。如美国1933年制定的《格拉斯-斯蒂格尔法》(也称作《1933年银行法》)把商业银行业务与投资银行业务区别开来,禁止银行包销公司股票和债券,禁止银行担任证券经纪人;日本在当时也实行了长短期信贷和银证分离制度。而到了20世纪80年代,发达国家纷纷扩大其金融机构的业务范围和经营权利。在美国,1982年开始允许非银行金融机构经营几乎所有的金融业务,1986年允许所有金融机构参加证券交易,从而结束了长期的银证分离状况。在日本,通过对《银行法》第六十五号条款的改革,取消了银行业与其他金融服务业之间的行业限制。随着金融机构经营权力的扩大,其经营国际化的步伐也相应加快。

第二,减少信贷控制。对于发达国家而言,信贷控制往往侧重于控制资本的输出。如美国政府在20世纪60年代实施的对外直接投资法案、利息平衡税、银行自愿对外信贷限制方案三种措施,都是为了防止美国金融市场资金外流,其结果是迫使大量美国银行到海外设立分行,与最初的愿望恰恰相反。直至20世纪70年代中期,美国政府才废除这三项措施,为美国银行国际化铺平道路。对发展中国家而言,政府对银行贷款总规模的直接控制是国家用来解决严重的货币失控以及失调的宏观经济的主要手段。这种按部门配置信贷资金的做法导致了不良的后果,就是资金的配置是以一种非价格竞争的形式进行,这就必然产生资金流向收益率低的企业,而收益率高的企业无法获得资金的现象。因此,减少信贷控制也是发展中国家金融改革的重点。

第三,利率自由化。利率自由化的目标是促进储蓄、提高投资效益以及深化金融市场。金融中介规模的扩大则相应地保证了更多的生产性投资得以融资,因此,利率自由化通过促进金融深化和改进投资收益来促进经济增长。利率自由化是美国20世纪80年代金融自由化的主要内容之一,早在20世纪30年代经济大危机时期,美国即开始加强对存款机构的限制,并于《1933年银行法》中制定了以限制存款利率为目标的《Q法案》。然而,20世纪60年代以后,随着金融创新的发展,存款人往往把受存款利率限制的存款提走,转而购买资金市场上不受利率限制的高利率票据或证券,从而削弱了商业银行、储蓄银行等存款机构吸收存款的能力,并导致资金大量外流。为了加强本国银行的竞争力,美国国会通过了《1980年放松对存款机构的管制和货币控制法》和1982年《加恩-圣·杰曼法案》,分阶段取消了《Q法案》,并于1986年完全取消利率限制。日本及新兴工业化国家和地区如新加坡等在20世纪80年代也在美国之后,进行利率市场化改革,为其金融全球化改革奠定了基础。

(二)经济的高度市场化克服经济的缺陷

经济市场化的本质是指资源配置的市场化,它是金融全球化的功能赖以发挥的基础。金融全球化的功能是要在世界市场有效地配置资源,而配置资源的方式有两种:一是市场机制,二是计划机制。

我们考虑空间方面的世界市场,实际上是各个国家和地区内部市场的总和。一个国家或地区实施金融全球化战略的目的一方面是要从其他国家和地区获得本国短缺的资源,另一方面是要将本国富裕的资源配置到其他国家和地区以获得更高的生产率,那么,这个国家或地区就不可能采取与国际市场上通行的资源配置方式。这就是经济市场化构成金融全球化的约束条件之一的原因。当然经济自由化并不是绝对地排斥政府的干预,实际上,完全的市场化资源配置方式在国际上也是不存在的,只要政府的干预不损害市场机制这个核心,这种经济体制就被认为是提供了实施金融全球化战略的基础。经济国际化是指一个国家或地区的生产,即流通、分配、消费的经济环节从国内向国外扩展的过程。

(三)以金融监管的制度化限制金融体系的脆弱性

金融监管不同于金融管制。金融监管是为金融市场的参与者提供一套行为准则并监督执行,而金融管制是以法律行政的手段直接干预具体的金融业务;金融监管是市场机制的保障,而金融管制则是市场机制的替代。

任何一个市场都应该有规则,缺乏规则的市场只会产生不公平的竞争,为市场参与者带来高风险。自从银行业务综合化以及大量金融开发产品被开发出来,金融市场从传统形式演化成现代化形式后,其本身包含的风险在不断增长,如果缺少适当的监管,就有可能因某些参与者的破产而引起整个市场运行链条的中断,而且由于金融市场参与者的巨额资产往往来源于其他企业和个人,其破产带来的社会震动和负效应是巨大的,甚至可以引发经济衰退和政治风暴。因此,对金融业的监管水平是一个国家或地区金融市场成熟与发达的重要标志。金融监管制度具有丰富的内涵,它包括:第一,对金融业的国内立法监管。立法监管又包含三个方面:一是针对金融机构本身的立法,对金融机构的设立程序、设立条件、经营范围、会计制度、法律责任等进行规范,如商业银行法、保险法等;二是针对金融产品的立法,对金融产品的制作、转让、承兑、保证、追索进行规范,如票据法、证券法等;三是针对交易行为进行的立法,以防止幕后交易、欺诈、市场垄断等行为,以及过度投机行为的发生,如公平交易法等。第二,用金融业的国际惯例约束金融机构的行为。《巴塞尔协议》是这一方面的典型,虽然《巴塞尔协议》不具备法律效力,然而它对银行跨国经营资本充足率的规定却被国际广泛接受,成为银行国际化的一项指导条款。第三,金融管理机构定期检查金融机构的风险状况,督促金融机构遵守相关的法律法规,而金融机构内部的监管是为了制约具体业务操作人员在从事交易时超越授权的风险范围、违规交易而带来的高风险。由于内部监督不严而造成的金融灾难是屡见不鲜的,1995 年年初,巴林银行倒闭,其在国际上享誉已久,是因一名金融期货交易人员越权交易而毁于一旦的,因此,金融监管的制度化是一个国家实施金融全球化战略的保障。

(四)改善金融市场结构,金融市场现代化降低金融市场的交易成本

国际金融市场的竞争是高科技的竞争,是优质服务的竞争,也是金融产

品的竞争，不能设想一个缺乏现代化金融市场的国家能成为吸引跨国金融机构的国际金融中心；同样，无法提供现代化金融服务和金融产品的金融机构在国际金融市场的激烈竞争中肯定是失败者，甚至在开放的国内金融市场上，它也无法抵御实力雄厚的跨国金融机构的竞争。因此，对于一个希望广泛参与国际金融市场的国家而言，其面临的一项重要任务就是改造熟悉的现代国际金融业务，以避免在开放金融市场时对国内金融业造成过大的冲击。金融市场现代化包含多方面的含义：

1. 完善而规范的金融市场体系

完善的金融市场体系包括货币市场、资本市场、外汇市场、黄金市场、保险市场、金融期货市场，以及典当、信用协会等，而每一个大市场下面包含着许多的二类市场，关贸总协规定 GATT 金融附录中的 17 项金融服务正是以这些市场体系作为基础的，只有首先在国内金融市场上对这些业务进行规范，才能做到与国际接轨。

2. 金融业的技术装备水平的现代化

世界经济的任何一次变革都离不开科学技术的支持，金融全球化也不例外，如果没有信息传递的现代化技术，银行就不可能实现在全球进行一体化经营的目标，全球的金融市场也不可能连成一个整体。在现代国际金融市场上，金融业的效率在很大程度上取决于交易和清算的手段与速度，而这一点又受一国技术装备水平和服务手段情况的制约。因此，采用先进的电脑网络和通信设施，配置高效的办公设备，不仅是提高工作效率的必要条件，而且也是吸引客户、扩大信誉和开拓业务的重要方式。从这个意义上来说，技术装备水平的现代化提高了一国金融机构在国际金融市场的竞争力。

3. 金融产品的创新与新型人才的培养

传统的金融业务是吸收个人的储蓄再贷给企业，银行从中获得的只是利差，随着经济的发展，发达国家银行的服务对象已扩大到政府、大型的跨国公司和有着不同收入水平的个人，这就必然产生多层次的金融服务需求。为了满足不断变化的需求，金融服务和金融产品的创新就不可避免，金融创新打破了传统的金融人才观念。金融衍生品的价值取决于基础参数,如利率、股票价格和货币的变化,而这些参数的范围很大,从简单的期权直至复杂的人为约定,这就需要高层次的物理学家和数学家来从事金融产品的设计与操作。据估计,伦敦作为国际金融中心有多位这样的科学家,其中从事量化金融方面研究的物理学家就有很多位。对于发展中国家来说,这些方面的差距极大地妨碍了其金融全球化的进程。

发展中国家和地区实施金融自由化、国际化战略不可避免地会带来风险,而在所有的风险形式中,金融体系的风险最值得关注。发展中国家和地区金融全球化面临的金融体系风险主要由两种因素决定:一是外部决定性因素,即国际性因素;二是内部决定因素,即发展中国家和地区金融开放初始阶段的实质经济体系和金融结构。从理论上说,金融体系风险的决定性因素都存在对应的管理手段,因而金融全球化并不必然导致金融危机。在实践中,由于上述两种因素总是交互作用,因此必须要有综合的管理措施才能保证金融开放后金融体系的安全。这里的"综合管理",实际上就是"金融全球化战略"。而如何评估金融全球化过程中的金融体系风险,以及对风险管理手段的差异,就构成了发展中国家和地区金融全球化战略中差异的模式。

(五)建立金融信息产业基地,健全金融风险防范体系

防止过度依赖国外系统平台和信息技术,成立国家金融信息产业基地,开发自主知识产权的相关软件和技术,直接为"风险防范体系"工程服务。金融信息产业不仅有重大经济利益,而且涉及多方面因素,因此必须开发自主知识产权的应用软件系统。在严格保密的条件下,有组织地攻关,高效率地开发涉及国家金融信息安全的系列应用软件项目。首先,应当从金融监管机构及商业银行、证券公司、基金公司、保险公司、海关等部门抽调业务骨干,由金融信息产业基地的软件专家对他们进行软件需求分析培训,以利于他们与软件开发人员的规范交流。由于上述人员提出的需求分析来自真实的应用环境,充分考虑到了金融行业的文化习惯、制度、历史、产业特点等,因此有更紧密的亲和力。如果他们参与软件需求设计,可以保证软件质量

和面向一线的应用,从而保护本土化金融软件逐步成长。其次,运用现代软件工程管理方法,高效率地组织相关科研单位的软件集成,大规模地开发软件产品,建立数据库、知识库、模型库、算法库、工具软件库、产品库,并以此带动相关金融信息产业,促进信息工业发展。最后,统一采购国内外系统软件和标准数学工具。为避免重复建设,应当有计划地开发插件、控件、中间件等,可以实行基地内部源代码公开、资源共享,对外实行有偿转让。

除此之外,还要关注现在金融的新形态,金融科技也是互联网时代发展的产物,面临这样的金融科技发展,还要注重培养国际型的金融科研队伍。近些年来,众多的数学家、物理学家、计算机科学家和工程师开始从事金融工程研究,其原因是自然科学的新发现不断地冲击着经典金融理论与实践的发展。目前,在国家金融风险防范方面要重点考虑进一步加强金融工具的基础研究,国内大多数的金融研究机构需要更多理工科人才的参与,因此加强金融教育与研究也是国家的当务之急。

总之,在全球经济一体化的今天,一国经济已不可能脱离世界经济体系而独立运行。这无疑增加了构筑我国金融风险防范体系的紧迫性。任何一个主权国家解决国家金融风险防范的途径必须自力更生,当然现代金融风险分析技术和借鉴国外金融风险分析系统是必不可少的。

通过以上防范金融网络中风险传染的策略研究发现,金融改革势在必行,然而,金融改革是一项复杂的系统工程,牵一发动全身,风险极高。那么金融体制怎样改?是不是要马上开放股票市场和企业债券市场?金融改革应遵循的原则是看清一步走一步。第一,积极开展金融服务,提高服务质量,这是新金融体制的基础,务必尽快打好打牢。第二,要实行银行商业化,充分发挥市场利率配置资源的杠杆作用,逐步缩小直至消灭寻租的根源——牌价利率和市场利率之差。第三,积极发展住房抵押贷款业务,提高银行资产质量。第四,也是最重要的,要积极稳妥地发展用来直接融资的股票市场和债券市场,但不能马上大规模地开放,否则欲速则不达。下面进一步阐述:

(1)金融改革应从金融服务做起。中国现在的金融服务还需进一步提高。在个人服务方面,中国居民工资的银行直存率、个人支票持有率等金融服务指标和发达国家相比有一定的差距。在企业服务方面,中国的银行划账转账、票据贴现、支票清算等基本服务要进一步加强。外汇业务也是如此,为最终建立完善的信用制度和税收体系奠定基础。改善服务质量的最有效方式是引入竞争。作为现代服务业,银行业的竞争就是服务的竞争。要在日趋激烈的国际化竞争中站稳脚跟,取得并保持优势,必须把优质服务作为永恒的主题,牢固树立“服务立行”的观念,以客户为中心,实施服务制胜战略,将文明规范服务的要求和标准嵌入经营管理的各个方面,融入银行各个业务领域。不断改善服务环境,完善服务设施,改进服务手段,创新服务品种,规范服务行为,提高服务效率。金融服务项目虽是从小处入手,但都是发达的金融市场必不可少的基础。

(2)要逐步实行“银行商业化,利率市场化”。麦金农和肖证明了在利率被压低的经济里,资本得不到应有的回报,储蓄会减少。在资本利用方面,由于利率低,有许多项目都争着要贷款。银行很难区分哪些项目是好的,这就增加了银行选择贷款对象的成本和困难。因此,利率被压低会阻碍经济增长。那么是不是利率高就一定有效呢?也不是。在高利率的情况下,可能产生逆向选择和道德风险问题。逆向选择在做出贷款决定之前可能发生。如果利率高,有些企业(特别是软预算约束的企业)会毛遂自荐。这些企业根本就不打算还钱,所以利率高也不能淘汰他们。银行还是无法区分哪些是真正好的项目,哪些是坏的项目。道德风险在企业获得贷款以后可能发生。一些企业是负盈不负亏的,可以证明在利率高时,这种逆向选择和道德风险问题会更加严重。

(3)大力发展抵押贷款和以抵押贷款为基础的债券市场。在各国的发展经验中,房产都是老百姓最重要的一项财产。这里只谈抵押贷款问题。抵押贷款市场分这几个层次:第一,由银行向购买者提供抵押贷款。标准抵押时,房产证是购房者的,贷款时将房产证抵押给银行,按揭贷款时产权归银行,直到借款者还清贷款时,产权才由银行转给购房者。第二,将各种抵押贷款合同分组,加以标准化,然后以这些抵押合同为担保发行债券。第三,由政府出面制定抵押贷款管理办法,设计标准抵押贷款合同,建立抵押贷款保险公司,然后为划定范围内的抵押贷款标准合同进行保险。

(4)有计划地逐步开放资本市场,增加直接融资的比例是走向市场经济的必由之路。正像加入 WTO 一样,资本市场的开放也是手段而不是目的,必须注意它与其他各项改革措施的配套性与有序性,应该按中国的实际国情有计划、分步骤地开放中国资本市场。要积极稳妥地发展中国急需用来直接融资的股票市场和债券市场,但不能操之过急。

第三节　审慎有效的金融监管防控金融网络中风险传染

我国金融体系日益复杂、关联性日益提高,这对防范金融风险提出了更高要求,金融防范风险政策重心已变。金融监管向功能监管、统一标准、统一监测方向倾斜。金融监管要统一监管标准,形成监管合力。近年来,我国金融发展迅猛,跨境、跨市场金融活动日益频繁,金融创新愈发复杂多元,金融风险容易"交叉感染"。

一、审慎有效的金融监管概述

金融监管指的是国家政府根据经济金融体系稳定、有效运行的客观需要,以及经济主体的共同利益要求,通过一定的金融主管机关,依据法律准则和法规程序,对金融体系中各金融主体和金融市场进行的检查、稽核、组织和协调。广义的金融监管,既包括国家专门机关对金融机构实施的监管(法定监管),也包括金融机构的自我监管。金融监管的总体目标是通过对金融业的监管,维持一个稳定、健全、高效的金融制度。金融业的特殊性、金融业的高风险性、金融体系的脆弱性决定了金融监管的必要性。金融业的高风险性和金融业的信息不对称性以及金融市场失灵也决定了金融监管的必要性。目前,我国现行金融监管体制的基本特征是分业监管。按照金融监管的分工,银监会主要负责商业银行、政策性银行、外资银行、农村信用合作社、信托投资公司、财务公司、租赁公司、金融资产管理公司的监管，以大银行业为口径，银监会成立了多个部门，自上而下相应设立了省局、市分局、县（市）办事处体制。金融风险的积累和金融监管的不利导致的金融危机给经济造成了很大的负面影响，它使经济发展停滞、社会信用环境遭到极大破坏，严重危害了社会生产和居民的生活，因此各国纷纷加强金融监管，以保证国民经济健康稳定的发展。随着金融风险防范难度的加大，由于国际资本流动速度较快，各种经济变量越发地受到各种国际因素的影响，因而各国政府在金融监管上的难度都在加大，政府单纯依靠传统的货币政策进行宏观调控往往难以奏效，国际合作已提上了各国政府的日程。防范金融风险、维护金融市场的稳定，客观上需要建立具有国际协调机制的全新的国际金融监管体系。目前，国际金融监管的调整表现在：

第一，改变传统的监管手段，加强以促进金融业谨慎经营为目的的风险监管，保证金融业的效率和稳定。巴塞尔委员会着手建立新的资本充足性框架，简称“新框架”，以替代 1988 年的《巴塞尔协议》，以便反映近年来的金融创新和风险管理的进步。“新框架”强调增强透明度，以加强市场约束单个机构的能力，并且区分这些机构的资信水平，主要机制是加大有关信用、市场、金融衍生工具等风险的信息披露。

第二，加强对大型金融集团的监督。这里的大型金融集团是指那些主营金融业务，并至少涉及银行、证券和保险业中的两类业务，且占有业务量相当份额的大集团。它们是放松金融管制和金融市场竞争加剧的产物。在金融机构经营日益综合化的环境中，要对大型金融集团进行有效监督必须在各个国际金融监管机构之间进行合作。要求审慎对待与高杠杆机构的关系。高杠杆机构首先是大型的金融集团，它们是离岸金融中心某些业务的主要经营者，其经营具有高杠杆比率，但是几乎不受或不直接受监管，并且不必遵守较高的信息披露制度。由于银行缺乏对高杠杆机构风险的理解和分析，所以缺乏应对这类风险的有效政策。银行有责任以安全、谨慎的方式处理它们与对手的风险，因此，巴塞尔委员会建议银行要注意评估高杠杆机构活动的潜在风险，并对这些潜在风险做出可能的政策反应。

第三，与金融机构的综合经营趋势相适应，国际金融监管机构的合作会更加密切。现行的国际金融监管体系是以分业经营为基础的，针对不同的金融机构设立了不同的监管机构。随着综合型金融制度的普遍确立,不同的金融机构和金融工具间的重合会越来越多,单独的一个国际金融监管机构已经无法有效地解决其所监督的金融机构存在的全部问题。因此,各国际金融监管机构间的密切合作成为必须,巴塞尔委员会、国际证监会组织和国际保监会组织已经进行了积极的合作。在各国的实践中,一些国家已经建立起了统一的监管机构。例如,英国为适应银行业与证券业界限日益模糊的状况,全面改革了金融监管体系,撤销了银行监督商业银行的职责,合并了英格兰银行、投资管理监管局、私人投资主管局等八个金融监管机构,改为统一管理。各国由于社会、文化环境的差异,要建立统一的监管机构并不是一件十分容易的事情。

二、加强谨慎有效的金融监管内容

(一)预防性监管的内容

预防性监管,即对银行开展业务设定一定的条件,以减少可能发生的风险。主要措施有:

第一,市场准入,即登记管理,银行在批准开业之前必须符合若干规定,如达到最低限度的资本数额,具有较高素质的管理人员等。该措施也包括对分支机构设置的控制、对银行合并活动的规定,还涉及外资银行的准入限制。

第二,资本充足性条件。对银行的监管通常要求资本与总资产、资本与风险资产或负债之间维持一种适当的比例。近年来,大多数国家往往根据各种不同类型的风险资产,选用不同的权数来计算多种清偿力比率。各国之间在权数的确定与比率标准上存在较大的差异,很难做出比较分析。1988年《巴塞尔协议》统一了国际银行间的资本风险和资本标准,确定了核心资本与风险资产、全部资本与风险资产的比率。这一标准逐渐为各国所接受,成为对银行监管中资本充足率最重要的指标。

（二）经营过程的监管内容

银行经营过程的监管包括对业务范围、流动性（或清偿能力）和贷款风险的监管三个方面。

第一，在业务范围方面，金融监管受分业经营和综合经营两种模式的影响。尽管20世纪80年代的金融自由化使各国对商业银行业务的限制有所放松，但对其业务范围的管理仍然十分慎重：一种是将商业银行业务与投资银行业务分开，禁止商业银行认购股票，限制银行直接投资和对非银行金融机构持股；另一种是禁止银行将经营银行业务和非银行业务混淆起来，但允许通过银行持股公司等附属机构参与某些非银行业务活动。

第二，在流动性（或清偿能力）方面，计量和管制清偿力的方法在不同国家差异较大，某些国家选择非正式方式规定清偿力需要；还有些国家采用若干比率，通过规定资产运用的期限结构与银行资产、负债的各种比率来控制银行的清偿能力。同时，政府还往往限制银行的国外融资，防止发生对外支付的风险。

第三，在贷款风险方面，大多数国家的监管部门都力图限制贷款的集中，采用的方法是限制银行对单个借款者的贷款额度。一般将单个客户的贷款额度限制在占资本的10%～100%，对于几家银行联合贷款是否按资本比率采取限制措施，各国无统一的规定。同时，各国也对国家风险做出规定，以帮助本国银行加强对风险的防范。

三、建立审慎而有效的金融监管策略

金融自由化改革正反两方面的经验揭示了非常重要的一点，即金融自由化并不是否认对金融业的监管，而是需要改善和加强金融监管。在金融抑制条件下，金融稳定依靠政府对金融机构盈利的保护；在金融自由化条件下，则需要有审慎而有效的金融监管。金融机构，特别是银行的破产倒闭有很强的外部性，是金融动荡的一个重要根源，因而各国都对其金融机构实行比较严格的监管。对于计划实施金融自由化改革的国家而言，建立审慎而有效的金融监管体系是防止自由化改革导致金融动荡的一个重要前提条件。在金融监管体系建设方面,应该注意以下几个方面。

(一)监管机构能够迅速采取措施纠正不合规行为,并关闭资不抵债的金融机构

银行危机的发生机制在很大程度上具有“千里之堤,溃于蝼蚁”的特点,及时制止金融机构不合规的操作是比事后解救更有效、更节省成本的方式。在金融自由化之前需要完成的一项重要工作是妥善处理不良资产,及时关闭或重组资不抵债的金融机构,果断地让它们退出市场。监管者允许这类机构继续经营的容忍态度和行为会导致十分严重的后果。资不抵债的金融机构往往有强的道德风险冲动:它们既然已经“无本可蚀”,就会非常愿意从事一些很高风险的业务。它们的这种业务一旦成功(可能性不大)就会有丰厚的回报;如果没有成功(大多数情况会这样),它们也没有额外的损失。在墨西哥金融危机、亚洲金融危机和日本的银行体系问题中,我们都可以看到这种机制在起作用:监管机构寄希望于这些机构以后自己会好起来,从而允许它们继续经营,但这些资不抵债的机构的不良资产几乎越滚越大,最后迫使监管机构花费数倍于以前的成本来处理。

(二)建立一个独立的、可问责的监管主体

监管主体在操作上的独立性是1992年巴塞尔委员会所确立的核心银行原则中的一个重要标准,但是在不同历史、政治和文化背景的国家,监管者的独立性存在很大差异。在东亚传统金融体制中,金融监管机构的独立性要求与英国和美国的监管者独立性要求就有很大区别:在东亚传统金融体制中,监管者在人员任免、财务来源以及政策目标上与政府有着密切联系,因此其独立性受到巨大限制。亚洲金融危机的教训表明,保持金融监管机构在政策操作上的独立性是非常重要的。监管主体的独立性应该以法律手段进行明确界定,这样才能在投资者中确立监管者的权威和可信任度,保护监管者不被既得利益集团所“俘获”。要使监管主体的独立性不受侵害,独

立性是与可信任度联结在一起的。在进行金融自由化改革的发展中国家,应该在公众和政府中努力建立监管机构的可信任度。否则,监管机构就难以获得地方银行体系和民众的尊重与信任。

(三)监管主体必须拥有足够的资源和能力以达成其监管

目标性风险和稳定性的关键信息,这些指标必须是容易监控的和具有可操作性的。国际金融机构所公认的且具有较强可操作性的关键指标有三个:流动性、资本充足性和资产质量。流动性管理是银行最重要的活动之一,监管者应该对此进行严密的监督,银行的公共信息披露应该包含有关的流动性比率指标,这是金融体系增强风险管理能力的重要方面,也是对金融危机进行有效预测的一个非常有力的早期预警指标。在许多新兴市场国家所发生的金融系统性危机,初期均表现为银行流动性危机,因此对银行流动性的管理是减少金融体系风险的重要手段。

监管者对资本充足性的管理在发展中国家具有重要意义,因为在这些国家,资本短缺往往成了银行危机的根源。在经济中的总体投资气候良好时,提高资本要求的努力可以很容易成功,假如在投资者信心比较充足时没有采取提高资本要求的措施,那么一旦经济陷入衰退或处于危机边缘时,提高资本要求的使命就很难达成,因此发展中国家在实施资本充足性要求的时候,应该把握时机。尽管《巴塞尔协议》中的资本充足率标准存在一些缺陷,并且 2004 年巴塞尔银行监管委员会又出台了新的资本协议,但是资本充足标准本身具有的优势也非常明显。这个标准非常简明,易于监管,有利于数据的比较,可操作性较强。因此,资本充足率标准作为一种银行监管手段,对于进行金融自由化改革的发展中国家而言,还是非常重要的。金融机构,特别是银行的资产质量是关系一国金融脆弱性的重要指标。对资产质量最大的挑战来自关系型贷款行为和资产评估规则。在发展中国家,关系型贷款行为是根深蒂固的,银行与其他商业伙伴有着共同的所有权关系,银行愿意基于这种亲密关系向这些企业贷款,而不顾及投资项目本身的盈利性和风险性,这极大地损害了资产质量,而且大量关联交易的存在使情况变得更糟。

(四)拥有有效金融监管所需的政策工具

为了能够及时采取应对措施,监管机构必须关注那些银行的会计准则,这些准则对所有银行一视同仁。此外,要保证资产质量,金融体系还必须具备训练良好的公正的资产评估机构,这些机构行使独立的评估职能,不受外界力量的干扰。在传统的东亚金融体制中,银行和关联企业的密切关系,导致银行的贷款行为扭曲,关系型贷款非常普遍,严重影响了资产质量,使得银行积累了大量的不良资产,这些不良资产成为金融危机的内在根源。因而,加强资产评估,提高资产质量,是金融监管的重要组成部分,也是银行稳健经营,有效抵御风险的必要条件。

(五)强化对系统重要性金融机构的流动性监管

流动性风险是使系统性金融风险转化为金融大动荡的一个主要成因。在流动性总量偏大的同时,受多重因素影响,货币市场波动加剧,局部和阶段性的流动性紧张时有发生,小微企业融资难、融资贵的问题仍较突出,流动性管理的难度加大。金融机构流动性风险也在累积。商业银行存款业务竞争日趋激烈,存款增速持续放缓,而贷款结构中,中长期贷款占比越来越高,商业银行的流动性风险有所上升。不少银行利用短期同业和理财资金对接期限较长、流动性较差的非标准化债权资产,资金期限过度错配。同时,证券公司、基金公司的资产管理规模快速扩大,但一直缺乏有效的融资渠道,同业资金拆借的期限、额度也受到严格限制,流动性风险日益凸显。

四、审慎有效的金融监管对我国防控金融网络风险传染的启示

（一）营造稳健的宏观经济政策和良好的表观经济环境

稳健的宏观经济政策和良好的表观经济环境，是金融业有效监管的重要基础。由于银行体系在支付和组织分配资金以及发展经济等方面起着重要的作用，所以对金融业实施有效的监管也是保持稳定和健康的经济环境的一个关键的组成部分。但有效的金融监管并非万能，它必须与有效的宏观经济政策结合在一起，才能对国家金融稳定发挥作用。在缺乏稳健的宏观经济政策的情况下，金融监管者的任务是难以完成的。当我国处于经济体制转轨时期，未成熟的市场机制会导致宏观经济政策的经常性调整，加上经济的快速发展也难免会带来一些不稳定因素，致使经济的风险转移到金融方面来，这给金融业的有效监管带来了更大的难度，因此，调整宏观经济政策时必须保持一定的连续性和稳定性，以利于金融业的生存发展和金融业的有效监管。

（二）银行业进行全方位、多角度的系统性监督

对银行业进行全方位、多角度的系统性监督，将风险管理扩展到银行经营的各方面，贯穿于银行运行的全过程，是银行业有效监督的核心问题。1988 年关于资本充足率的规定通过《巴塞尔协议》，虽已在一定程度上考虑到银行资产的信用风险，但国际银行业存在的市场风险远未顾及，必须建立一个综合性的风险管理程序，从制定银行审批内容、开业标准，以确保银行的机构设置、布局结构和业务范围，不至于使其承受不应有的风险而妨碍有效监管，规定审慎管理的条例和要求，能确保银行制定并执行合理的发展方针、业务程序，以及健全管理信息系统和风险防范系统等。我国应充分考虑

银行业所面临的市场风险。但银行业的有效监管应立足于提高市场对银行运行的约束,而非人为地替代或扭曲市场的作用。同时,银行业的有效监管也是为了对市场缺陷发挥积极的补救作用。因此,只有在继续保持设定银行最低限度资本要求的同时,更注重全方位、多角度的全面而系统性的监管,才能实现对银行业的有效监督。银行特许权价值的丧失,加剧了银行体系的风险。

(三)健全银行监管体系

风险的传染率与银行所处的外部监管环境和自身经营管理有着密切关系,所以健全银行的监管体系对于抵御风险以及风险传染至关重要。首先,金融监管部门对银行经营行为的监管要有的放矢,既要约束其行为过度,又不能限制银行的业务拓展,正确处理好监管与创新的关系。作为监管者,要有充分的法律授权,有权并有勇气独立对风险隐患进行判断决策,能够及时认识到监管的松懈和不足;其次,尽管通过改变体制和制度可以部分缓解执行上的问题,但溯本求源,有针对性地改进执行力应该更可靠和有效。最后,监管者的能力仍然是监管有效性的基础,面对复杂和快速发展的银行业,监管者必须有充分资源,并能吸引或培养相应的人才;对于高风险的银行,金融监管部门必须及时予以处理,以防风险扩散。

(四)创新金融科技监管,适度包容,识别潜在风险

金融科技的普及提升了金融服务的效率,同时也带来了金融风险和技术风险。加强金融科技的监管是有效防范其风险的必要手段,鉴于金融科技不同于传统金融业务的复杂性,对于金融科技的监管,既要体现传统金融监管的延续性,又要在监管制度、监管技术以及监管方式上有所创新。在监管制度上,要力求金融科技领域的全覆盖,建立起防止监管套利的有效监管制度;要重视各监管部门之间的有效协调,厘清各监管部门间的权责归属问题。在制度安排上,应该适当提高包容度,鼓励已成熟的技术在金融领域的推广使用,适度容忍其试错阶段的一些问题及非系统性风险。在监管技术

上，监管机构可以考虑适当运用大数据、云计算、自动化程序、区块链以及分布式账本等技术来改进风险动态监控和预警系统，实时判断和分析金融业的经营数据，随时应对金融领域出现的新风险，从而提升自身的监管能力，引导金融科技在可控范围内发展。在监管方式上，可以在监管部门设立专职机构处理金融科技方面的监控、引导以及合规工作，金融科技方面的新业务能否推出取决于该专职部门的测试结果，在确保消费者权益的情况下，尽量简化市场准入标准和流程，最大限度地推进新业务快速运营。

综上所述，提高对我国金融风险传染机制、效应和动因认识的准确性、科学性和客观性，从而提高我国金融风险管理决策水平，使我们采取的防范和化解金融风险的政策措施更有效，以期能在当前复杂的全球经济金融形势下，为我国金融体系的系统性风险防范、监管提供理论依据和经验支持。

参考文献

[1] LI M Y, MULDOWNEY J S. Global stability for the SEIR model in epidemiology[J]. Math. Biosci., 1995, 125(2): 155-164.

[2] LI M Y, GRAEF J R, WANG L C, et al. Global dynamics of a SEIR model with varying total population size[J]. Math. Biosci., 1999, 160(2): 191-213.

[3] FAN M, LI M Y, WANG K. Global stability of an SEIS epidemic model with recruitment and a varying total population size[J]. Math. Biosci., 2001, 170(2): 199-208.

[4] BRAUER F, VAN DEN DRIESSCHE P. Models for transmission of disease with immigration of infectives[J]. Math. Biosci., 2001, 171(2): 143-154.

[5] ALLEN F, GALE D M. Financial contagion[J]. Journal of Political Economy, 2000, 108(1): 1-33.

[6] 原三领，蒋里强. 一类具有非线性饱和传染力的传染病模型[J]. 工程数学学报，2001，18(4)：98-102.

[7] 陈军杰，潘国卫. 一个具暂时免疫且总人口数可变的传染病动力学模型[J]. 生物数学学报，2003，18(4)：401-405.

[8]李健全，张娟，马知恩. 一类带有一般接触率和常数输入的流行病模型的全局分析[J]. 应用数学和力学，2004，25(4)：359 - 367.

[9]陈军杰. 一类具有常数迁入且总人口在变化的 SIRI 传染病模型的稳定性[J]. 生物数学学报，2004，19(3)：310 - 316.

[10]陈军杰. 若干具有非线性传染力的传染病模型的稳定性分析[J]. 生物数学学报,2005，20(3)：286 - 296.

[11]MAY R M，LEVIN S A, SUGIHARA G. Complex systems：Ecology for bankers[J]. Nature,2008,451(7181):893 - 895.

[12]GARAS A，ARGYRAKIS P，ROZENBLAT C，et al. Worldwide spreading of economic crisis[J]. New Journal of Physics,2010,12(11):1 - 11.

[13]CAO H H，ZHU J M. Research on banking crisis contagion dynamics based on the complex network of system engineering [J]. Systems Engineering Procedia,2012,5:156 - 161.

[14]GOREA D，RADEV D. The Euro area sovereign debt crisis：Can contagion spread from the periphery to the core? [J]. International Review Economics & Finance，2014，30：78 - 100.

[15]李守伟,何建敏,庄亚明,等. 基于复杂网络的银行同业拆借市场稳定性

研究[J].管理工程学报,2011,25(2):195－199.

[16]凌爱凡，杨晓光．基于 Google Trends 注意力配置的金融传染渠道[J]. 管理科学学报，2012，15(11)：104－116.

[17]李守伟,何建敏.不同网络结构下银行间传染风险研究[J].管理工程学报,2012,26(4):71－76,99.

[18]肖斌卿,王粟旸,周小超,等. 债务网络、投资者行为与传染性风险:来自中国银行业与房地产业的研究发现 [J]. 管理科学学报，2014，17(11):139－150.

[19]邓晶，曹诗男，潘焕学,等.基于银行间市场网络的系统性风险传染研究[J]. 复杂系统与复杂性科学，2013，10(4)：76－85.

[20]马源源,庄新田,李凌轩. 股市中危机传播的 SIR 模型及其仿真[J].管理科学学报,2013,16(7):80－94.

[21]马知恩,周义仓,王稳地,等. 传染病动力学的数学建模与研究[M].北京:科学出版社,2004.

[22]樊志良,张菊平.一类具有常数移民的 SIR 和 SIS 的组合的流行病模型[J].华北工学院学报,2004,25(2):79－81.

[23]马君潞,范小云,曹云涛.中国银行间市场双边传染的风险估测及其系

统性特征分析[J]. 经济研究,2007(1):68 - 78,142.

[24]王晓枫,廖凯亮,徐金池. 复杂网络视角下银行同业间市场风险传染效应研究[J]. 经济学动态,2015(3):71 - 81.

[25]FREEDMAN H I, RUAN S G, TANG M X. Uniform persistence and flows near a closed positively invariant set[J]. Journal of Dynamic and Differential Equations, 1994, 6(4):583 - 600.

[26]DEGRYSE H, NGUYEN G. Interbank exposure: An empirical examination of systemic risk in the belgian banking system[J]. Ssrn Electronic Journal, 2004, 3(2):123 - 172.

[27]CORNETT M M, MCNUTT J J, STRAHAN P E, et al. Liquidity risk management and credit supply in the financial crisis[J]. Journal of Financial Economics, 2011, 101(2) : 297 - 312.

[28]LIEDORP F R, MEDEMA L, KOETTER M, et al. Peer monitoring or contagion? Interbank market exposure and bank risk [J]. Ssrn Electronic Journal, 2011, 7(248):121 - 148.

[29]TJΦSTHEIM D, HUFTHAMMER K O. Local gaussian correlation: A new measure of dependence [J]. Journal of Econometrics, 2013, 172(1):

33 -48.

[30]CLAESSENS S, TONG H, WEI S J. From the financial crisis to the real economy: Using firm - level data to identify transmission channels[J]. Journal of International Economics,2012,88(2):375 -387.

[31]PARK C Y, MERCADO R V. Determinants of financial stress in emerging market economies [J]. Journal of Banking & Finance, 2014, 45(8): 199 -224.

[32]STΦVE B, TJΦSTHEIM D, HUFTHAMMER K O. Using local Gaussian correlation in a nonlinear re - examination of financial contagion[J]. Journal of Empirical Finance, 2014, 25: 62 -82.

[33]GLASSERMAN P, YOUNG H P. How likely is contagion in financial networks? [J]. Journal of Banking & Finance, 2015, 50: 383 -399.

[34]廖晓昕. 稳定性的理论、方法和应用[M]. 武汉:华中理工大学出版社,1999.

[35]李明哲,金俊,石端银. 图论及其算法[M]. 北京:机械工业出版社,2010.

[36]张磊. 基本面关联还是市场恐慌?——金融危机跨国传染渠道的文献

综述及其警示[J]. 经济社会体制比较, 2013 (3): 237 - 246.

[37]中国人民银行南宁中心支行课题组. 金融市场风险交叉传染机制与防控策略研究:基于医学 SIRS 传染病模型[J]. 南方金融, 2017(2):85 - 95.

[38]刘晓宇,吕琳. 一类 SIR 和 SIS 组合的复杂金融网络风险传染模型稳定性分析[J]. 东北农业大学学报(社会科学版),2018,16(2):34 - 38.

[39]刘晓宇,张怡波. 一类金融网络中风险传染模型的稳定性分析[J]. 金融理论与教学,2019(3):24 - 25.

[40]LIU X Y. A review of research on financial risk contagion[C]//Proceedings of the 3rd International Conference on Culture, Education and Economic Development of Modern Society (ICCESE 2019), 2019.